中考生 减压 中学生心理书坊

U0993808

（家长、教师版）

中考生心理减压

主　　编　徐　伟　李刚英　舒闻铭
副 主 编　朱　君　严　华
编写人员　舒闻铭　徐　伟　李刚英
　　　　　朱　君　严　华　王　兰

中国经济出版社
CHINA ECONOMIC PUBLISHING HOUSE
·北京·

图书在版编目（CIP）数据

中考生心理减压：家长、教师版 / 舒闻铭等著 .
—北京：中国经济出版社，2020.4
ISBN 978-7-5136-5600-9

Ⅰ. ①中… Ⅱ. ①舒… Ⅲ. ①心理压力—调节（心理学）—青少年读物
Ⅳ. ① B842.6-49

中国版本图书馆 CIP 数据核字（2019）第 048320 号

责任编辑 陈 瑞
责任印制 马小宾
封面设计 任燕飞工作室

出版发行 中国经济出版社
印 刷 者 北京艾普海德印刷有限公司
经 销 者 各地新华书店
开 本 710mm × 1000mm 1/16
印 张 16.25
字 数 203 千字
版 次 2020 年 4 月第 1 版
印 次 2020 年 4 月第 1 次
定 价 48.00 元
广告经营许可证 京西工商广字第 8179 号

中国经济出版社 **网址** www. economyph. com **社址** 北京市东城区安定门外大街 58 号 **邮编** 100011
本版图书如存在印装质量问题，请与本社销售中心联系调换（联系电话：010-57512564）

PREFACE 前　言

初中学业水平考试，简称中考。它是检测初中在校生是否达到初中学业水平的水平性考试及建立在九年义务教育基础上的高中选拔性考试；它是初中毕业证发放的必要条件，考试科目将国家课程方案所规定的学科全部列入初中学业水平考试的范围。学生可根据中考成绩报考相应的普通高中、职业高中、中专、中技、中职等。其中以报考普通高中为主。中考要考虑初中毕业生升入普通高中后继续学习的潜在能力，普通高中教育还是基础教育的范畴，因此，中考既要坚持考查基础知识、基本方法和基本技能，又要坚持考查学科能力。

中考也算人生大考之一，其压力可想而知，中考生在中考前会表现出焦虑、紧张、失眠和逃避等行为特点，这些与中考生的心理特点密切相关。一般来说，中考生的心理特点如下：

（1）产生成人感。初中生生理发育进入早期成人化，自我意识向独立成熟方面发展。他们在对人对事的态度、情绪情感的表达方式以及行为的内容和方向等方面都发生了明显的变化，同时也渴望社会、学校和家长能给予他们成人式的信任和尊重，但是他们缺乏成人深刻而稳定的情绪体验，缺乏承受压力、克服困难的意志力，缺乏社会经验。由于初中生心理上的成人感及幼稚性并存，所以，他们往往表现出种种心理冲突和矛盾，具有明显的不平衡性。

（2）独立性和依赖性突出。初中生增加了对同伴的依赖，与父母在情感、观点等方面日益脱离，父母的榜样作用在削弱。在对教师的态度上增加了怀疑的成分。当初中生有了强烈的独立意识后，对一切都不愿顺从，不愿听取父母、教师及其他成人的意见，常处于一种与成人相抵触的情绪状态中。但是，他们对父母的依赖则表现为希望得到父母的理解、支持和保护。例如，他们有时反抗是在向他人表明自己是独立的，或者是掩饰自己的软弱。

（3）自我评价能力提高。自我评价即对于自己以及自己和周围事物关系的一种认识，其中包括自我了解、自我体验、自我评价、自我控制等。进入青春期的青少年，自我意识开始形成。他们不仅体验到自己和家人、教师以及他人各种关系的存在，而且能进一步体验到自己内心世界和心理活动的存在，进入一个自我发现的新时期。

（4）自尊心增强。每个初中生都渴望得到尊重，这正是他们认识自我价值的反映，他们渴望得到理解、宽容，追求浪漫、轻松，自尊、好胜、求知和参与是中考生的典型特征。他们害怕教师指责或嘲笑他们的幼稚和冲动，反感教师居高临下的训斥与批评。

（5）片面性和表面性。由于初中生在对客观事物的认识上，还存在着片面性和固执性，对于发生的误解和不愉快，由于认知不全，容易对问题的认识产生偏差，继而引发孤独、抑郁、偏执等心理障碍，因而带来了情绪上的固执性。

（6）性心理的产生、发展和表现。由于生理的发育而导致的性别意识、性意识在心理上产生“断乳”，进而形成渐趋强烈的个性意识、独立意识、成人意识。正是这些意识的形成，使他们认为自己已经长成大人，理应独立，所有的事情自己决定。面对老师的教育和家长的指教容易出现幼稚型的情感冲动，例如，他们对与自己年龄相当的异性产生兴趣，并希望有机会接触异性，或在各种场合想尽办法吸引异性对自己的注意。但由于青少年情绪不稳，自我意识强，因而在接触过程中容易引起冲突，常因琐碎小事而争吵，甚至绝交，因此交往对象常常变换。

中考生的心理在悄然发生变化，但是，广大中考生家长因为工作忙，以及对中考生心理变化了解有限，导致很多中考生产生一系列心理问题和困扰。

在我们的心理门诊和学校心理辅导工作中，我们曾接待过很多无奈又非常着急和痛苦的父母，如孩子上网成瘾，甚至逃学混在网吧，父母既打又骂，但孩子依旧无法回心转意；父母拿孩子没办法，只是恨铁不成钢；孩子厌学，成绩一落千丈，父母去求助班主任，班主任要管全班学生，没有过多的时间单独照顾某个孩子；父母苦口婆心，甚至威胁，可孩子就是厌学，父母感到绝望；孩子早恋了，成绩一落千丈，父母各种手段都使用了，但孩子的恋情依旧不变。

其实，孩子的很多心理问题和不良习惯，都与家庭环境有很大关系。现在的家长面对孩子日益变化的心理状态和行为，他们没有任何办法，教育孩子时不知从何入手。有的父母干脆不管孩子，把教育的责任完全推给学校，直到孩子出事了，他们才意识到问题的严重性，才开始醒悟，但为时已晚。

孩子的教育并不仅仅是学校的事，也不仅仅是社会的事，父母是孩子教育的主体，是最关键的人物。很多父母只是忙自己的生意和工作，根本没有时间去管孩子。有些父母教育简单，以为打骂孩子就是教育。这些都是错误的。

我们发现，中考生的心理问题和心理困扰，主要表现在心理压力大，紧张和焦虑等方面；人际关系困扰，主要表现在同学关系和亲子关系紧张和压抑等方面；情感困扰，主要表现在单相思、对异性同学的好感或早恋，以及性格和自卑心理等方面。

中考生家长了解并掌握一些中考生心理和心理疏导知识及方法，对中考生顺利度过中考期，有很大帮助和现实意义的。殷切希望所有的中考生：锁定目标，勇攀高峰；一鼓作气，乘势追击；拼搏今朝，收获六月！皆能进入自己理想的学校！

CONTENTS 目　录

第一篇　压力与焦虑心理辅导

第二篇 中考生性格心理辅导

第三篇 中考生家庭教育心理辅导

第四篇 中考生自卑心理辅导

心理训练目录

家长良方目录

第一篇

压力与焦虑心理辅导

心理训练 视觉集中法缓解焦虑

利用视觉注视某个目标，是高效地帮助练习者集中注意力的方法。

（1）找一个静止的注视点，可以是房间里的装饰物，也可以是墙上的某处圆点。但注意不要使用电灯等发光的物品，以免长时间注视后伤害眼睛。注视点的高度要以坐下以后平视为宜，距离以 2~5 米为佳，方向一定要便于练习直视。

（2）在恰当的距离选一个舒适的位置坐好，挺直脊背，抬起头，眼睛向前方平视选好的注视点。

（3）调整呼吸，然后凝视注视点 30 秒至 1 分钟，可以自由地眨动眼睛。

（4）闭上双眼，在头脑中回忆注视物 30 秒至 1 分钟。

（5）再次睁开眼睛，更加仔细地凝视注视物 30 秒至 1 分钟，注意它的形状、颜色、质地和光泽。然后，再次闭上眼睛，更加详细地回忆注视物，注意回忆它的形状、颜色、质地和光泽。

（6）反复地练习。随着练习天数的增加，可以逐渐延长凝视和回忆的时间，可以由最初的 1 分钟延长至 3 分钟，注意力集中的能力会逐渐提高。

1. 家长应具备的考试心态

中考生家长：中考是高中与职校的分水岭，快中考了，孩子着急，做家长的更急，我们知道这样对孩子的复习备考不好，但是，家长应该具有什么样的考试心态呢？

案例分析

中考前夕，孩子学得如何，其实基本已成定局，而考生能否正常发挥水平，甚至超常发挥，很大程度上取决于心态，考生的心态很重要，同样，家长的心态也很重要。由于家长对学生的期望过高，容易导致学生心理压力过大，因此家长一定要及时为孩子减压，同时，考生不必太在意家长的期望。考生情绪过分紧张时，家长应劝导其不要过于看重中考与重点高中之间的关系，而是要全力以赴备考，专注过程，莫问结果。由于考生考前过度疲劳或平时身体健康状况差，加上心理紧张，食欲下降，导致大脑供血不足，对此，家长要辅导考生做好复习计划，调整作息时间，提高学习效率，适度休息。

金钥匙

（1）家长的同理心。设身处地地理解孩子对考试的担忧，理解孩子为了学习而付出的努力，理解孩子的苦和累。当孩子听音乐，看电视，或是出去散散步，给同学打电话等，家长都要给予理解，因为这都是孩子调节情绪、缓解压力的方法，要以同理心去支持孩子。

（2）家长的平常心。越是临近考试，家长越要保持一颗平常心，因为中考只是孩子在成长过程当中必然遇到的一件事，也是孩子必须要有的一个经历。应该用一颗平常心对待自己的孩子，不要让中考过分地干扰自己和孩子的心境。家长的这份平常心还有利于缓解孩子的紧张情绪，让孩子在考试中能正常发挥。对于成绩优秀的学生来说，第一次大考会造成较大的心理压力，他们往往担心考不好会给家长和同学留下不好的印象，其实，这种担忧往往是不必要的，家长应当告诉孩子：考试成绩只是个人能力中的一部分，并不是综合能力的标志。这样可以帮助孩子放下不必要的心理包袱，以平稳的心态面对考试，更加集中精力投入复习中去。

（3）家长的宽容心。临近考试，孩子心理压力很大，所以家长不经意的一个动作、一个眼神、一句话就可能触犯了他们，就会让他们爆发。这时候，家长要多理解、宽容孩子，不要计较，不要责备。当孩子感觉疲惫烦躁时，提醒孩子做一些运动来休息大脑，减轻疲劳，发泄情绪；也可放上一段轻松的音乐来帮助孩子舒缓紧张的情绪。

（4）家长的提醒之心。对于学习中存在困难的学生或自觉性不太强的学生，家长可以适当鼓励他们在第一次考试中有所突破。但是，最好制定出符合孩子实际情况的、切实可行的目标，只要与以往相比有提高就可以，不必强求。家长的关注可以提醒孩子更加严谨地对待考试，合理目标的制定可以让孩子有一个明确的奋斗目标。同时，家长还应引导孩子从不同的角度审视考试的意义，理解考试是对自己学习情况的一个检测，找出弱点才能够有针对性地提高，不要对考试存在惧怕心理，只要能够战胜自己就是胜利。

2. 家长怎样帮助孩子进行心理调整

中考生家长：孩子经常说自己睡眠不好，有时候还听见孩子说梦话："加油！加油！"我们知道孩子压力大，但是不知道如何正确地帮助孩子调整心理，该怎么办?

案例分析

一个人从启蒙读书开始，从小学到初中，从中学到高中，从高中到大学，要经过无数次的考试。考试使一些孩子感受到压抑、紧张、担心、焦虑不安、脑袋发胀，使得本来学过的知识一时想不起来，有的甚至忘掉，以至于不能发挥出自己的最佳水平。造成孩子考试心理状态不佳的主要原因有：考生情绪过分紧张，引起急躁；对不会的题缺乏信心，有的甚至感到绝望，不会科学用脑，采取单打一的复习方法等，导致大脑皮层机能失调，使接受能力和记忆能力都大为降低。作为家长，如果能很好地引导孩子正确对待每次考试，能对孩子进行科学的心理调整，就能保持孩子大脑最佳的学习状态，这样考试效率就会大大提高。

金钥匙

（1）考前要培养孩子正常的应考心态。正确地对待每一次考试，考试只是衡量孩子的学习效果，不必产生惧怕心理，彻底消除考试紧张及担心、焦虑不安的情绪。

（2）考试前坚持良好的生活习惯。每个人都有自己的生活习惯，在孩子考试前，家长尽量不要去打乱它。考试前增加一些复习时间是完全必要的。但是，如果废寝忘食地拼命冲刺，那是不可取的。不能一天到晚捧着书不放，必须保证孩子充足的睡眠，这样有利于疲劳的神经细胞恢复正常。鼓励孩子参加一些轻微的体力劳动及体育活动，可以调整体能，从而使大脑从紧张的学习中得到休息。这样做可以提高复习的效率。

（3）复习方法合理。家长要合理安排孩子的复习时间，早晨起床后半小时，上午 8~10 点，下午 6~7 点，临睡前 1 小时，是一天记忆的最佳时间，尤其是早晨和临睡前，更是记忆效果最佳的时刻。所以家长要抓住这段时间，让孩子充分利用。

（4）辅导孩子要克服急躁情绪，对学习要有耐心。在学习上不要急功近利，奢望这个星期努力了，下个星期成绩就要有明显的提高。成绩的提高要达到一定量的付出和努力后才能显现出来的，所以我们对学习要有耐心。

（5）辅导孩子要合理定位。客观地评价孩子，给孩子一个合理的定位，每个人的学习情况各不相同，我们不能要求孩子在初中的最后一年一定能在学习上突飞猛进，赶超学习成绩最好的学生，这是不现实的。我们应该找准孩子在班级中、年级中的位置，树立一个通过自己努力可以实现的目标，从孩子学习情况的实际出发，才能进步，才能找到学习的信心。否则，只会在和他人的比较中徒增痛苦，对孩子的学习是无益的。

（6）要引导孩子在考试期间避免怯场。当试卷发到手中时，要仔细审题，从易到难，突然忘记试题知识点时，也不必着急，把考卷合上，微闭双眼，尽量使大脑恢复平静，心情平静下来后再重新去看试卷，这样就能迅速恢复到最佳考试状态。

3. 孩子感觉中考没有希望了怎么办

中考生家长：孩子模拟考试没有考好，她就感觉中考没有希望了，情绪很低落，饭吃得少，觉也睡不安稳，我们很着急，该如何帮助她?

案例分析

该考生把中考前的模拟考试当成中考，模拟考试失利使考生产生挫败感，自信心受到打击，感到情绪沮丧，心态比较消极。

金钥匙

（1）正确对待模拟考试失利的挫折。告诉自己此次模考失利并非一件坏事，说明自己还存在很多不足之处，如果这些不足一直到中考的时候才显现出来，那时候可就来不及了。所以要庆幸这个挫折发生在现在，为自己敲响了警钟。模拟考试发挥不好并非坏事，要让这次挫折变成奋起拼搏、争取成功的动力和精神催化剂。考生要仔细研究模拟考试中出现的错误及不足，找出出错的原因，并从中发现问题。同时，也必须正确地给自己定位。到了初三复习后期，很多同学的成绩提高很快，应该看到别人的进步，对自己有一个正确的衡量。没有谁一直是最优秀的，要在现有的基础上，为自己树立恰当的学习目标和计划，切忌好高骛远。

（2）树立信心，从失败走向胜利。模拟考试的科目和时间安排都与中考一样，所以模考以后，无论结果好坏，考生都要认真总结经验和教训，反思在考试时间上是否有所欠缺，或者休息时间是否合理，然后通过积极复习，弥补自己的不足。要相信自己，只要努力一定能取得好成绩。

4. 临近考试孩子表现疲沓怎么办

中考生家长：临近中考了，发现孩子表现出疲沓，如整天无精打采的，回家也不搭理人，一副毫无斗志的模样，这是怎么回事?

案例分析

临近中考，发现孩子表现出疲沓情况，一般的原因如下：

（1）考生内心很焦急，说不出的疲倦，学习没效率。孩子出现这种状况，是大脑给出的一个信号，孩子需要适当休息调整了。人的大脑与其他器官一样，需要劳逸结合，如果外界强制性地布置一些任务，大脑自身的保护机制便会产生所谓“保护性抑制”，也就是说，这时候大脑已经没有空间再工作。

（2）情绪波动，处于心理低谷期。考生本身的学习强度就很大，压力也不小，此时如果正好处于情绪低谷期，在学习上会非常消极。有时候情绪还很浮躁，看什么都不顺眼，这是常规的表现。这种消极是阶段性的，过几天就好，不必太在意。作为家长，此时最好不要催促孩子，更不能责骂孩子，否则会激化矛盾，给孩子的学习带来更大的不利影响。

（3）模拟考成绩不理想，信心受挫，出现放弃心理。中考前，学校组织的各种类型的考试，会让考生失去感觉，心理疲惫感很容易出现。如果此时成绩连续不理想，会严重挫伤孩子的学习积极性，对模拟考试失去兴趣，进而对学习热情大减。

金钥匙

（1）辅导孩子学会倾诉。一个忠实的听众能帮助我们减轻因紧张带来的压抑感，因此，当孩子为考试而坐卧不安、担心焦虑时，不妨引导孩子将自己的感受说出来，让家人与孩子共同分担。

（2）辅导孩子增强自信。要消除思想顾虑，增强自信，中考与以往大大小小的考试并无区别，反倒较为科学、客观和公正。一般来说，只要准备充分，考出好成绩是没有问题的，完全没有必要将其神圣化而为此担心忧虑，整日忧心忡忡。

（3）提醒孩子要加强体育锻炼，保持乐观的心态。科学研究证明，一些有氧运动，如慢跑、游泳或者暂时丢下书本到户外散步，看春华秋实，听蝉鸣鸟啼，置身于大自然的怀抱，可使人信心大增，精力充沛。这些活动让人机体彻底放松，消除紧张和焦虑，因此，繁忙的学习之外一定要抽出时间进行体育锻炼，务必拥有一个健康强壮的身体以迎接考试的到来。

（4）家长要按照孩子的实际情况设定期望值，要多关心他的身体健康，保证睡眠，同时包容他的负面情绪。这时候家长可以想想孩子平时都喜欢什么活动，提醒他适时调整。

（5）辅导孩子进行自我激励。激励可以使人产生一种内在的动力朝所期望的目标前进。美国哈佛大学心理学家威廉·詹姆士研究发现，一个受到激励的人能力可以发挥 80%~90%，相当于激励前的 3~4 倍。考生不妨写出自己的考前计划，大声朗读一下。

（6）科学作息。古人云："人之心不可一日不用，尤不可一日不养。"因为心"不用则滞"而"不养则瘦"。考前最后冲刺阶段要劳逸结合，最好制定一份科学的作息制度，努力做到早睡早起，不开夜车，不打疲劳战。这样才能保证考试时精力充沛，头脑清醒。此外，孩子复习期间的饮食也相当重要，还可以通过洗温水浴、做深呼吸等放松的方法，缓解心理压力。

5. 成绩出来后，孩子情绪出现了波动怎么办

中考生家长：模考前，孩子还信心百倍的，但模拟考试成绩出来后，孩子情绪一落千丈，总是沮丧地说："没有希望了，没有希望了，不想再考了！"我想问的是，孩子情绪波动怎么这么大?

案例分析

由于多次模拟考试试卷难度与风格有所侧重，考生在每次考试中的适应度不同，出现成绩波动很正常。再者，处于青春期的孩子，情绪变化是比较大的，家长要帮助孩子认真分析每次失分的原因，让孩子感受每次考试和每次失分带来的收获。

金钥匙

（1）让孩子明白，模拟考试只是对考生中考复习情况的一个测试，通过模拟考试及时发现复习中存在的问题，在考前的这段时间

及时解决。考生不要太在意模拟考试的成绩，如果模拟考试成绩不好也不要担心。模拟考试的命题比较粗放，区分度掌握得不好，考生有可能考得不好。不能把模拟考试的成绩当作自己的中考成绩。

（2）帮助孩子将每天的作业当成考场测验。中考考试的内容往往反映在平时的各科作业中，特别是在做数学作业的时候，考生可以尝试将每一天老师留下的作业当成考试题来模拟演练，并给自己限定一个完成的时间，久而久之，在真正的中考到来的时候，因平日里应试习惯的养成，考试情绪化是可以避免的。

（3）告诉孩子遇到难题不要慌乱。如果我们将情绪带到考场上，遇到难题的时候，就变得慌乱、急躁，那无疑像一艘航行在茫茫大海上失去航向的游轮，只会随着猛烈的海风而倾覆。只要你坐在考场上，就要学会调整自己的心态，当遇到难题的时候，劝慰自己使心情平复下来，先做会的题目，不要因小失大，白白耗费了平时的一番努力。

（4）告诉孩子正确看待成功与失败。在考场上容易产生焦虑情绪的人，往往过分看重考试的结果。其实，成功和失败是相对的，没有绝对的成功，也没有永远的失败，太在意结果往往事倍功半。只有以一颗平常心看待成败，才会在考试遇到困难时心态保持冷静、头脑保持清醒，从而摆脱不必要的情绪困扰。

家长和老师要帮助考生全面分析考试胜败的原因，客观评价考生，既不要盲目夸大考生的优点，也不要把考生评价得过低，帮助考生对自己有一个正确的评价，使考生真正做到“不以物喜，不以己悲”。同时，家长和老师也可以帮助孩子学习一些必要的自我心理调适技巧。告诉孩子：考试给予了学生一次甄别能力、特长、兴趣、爱好的极好机会，使学生能够根据自己的实际情况，重新树立努力的方向。每个人都有长处，每个人都有属于自己的天空。

6. 临考前孩子失眠怎么办

中考生家长：我的一个同事，他的孩子是去年参加的中考，中考前老是失眠，最后考试也没有考好，仅考了一个普通高中，我很担心我的孩子也会这样，请问：临考前孩子失眠怎么办？

案例分析

考试对于每个学生来说都是极其紧张的，越来越多的学生考前会有失眠的情况发生，这与考生的心理压力有关，而孩子的压力主要来自三个方面：自己内心的、家长的、老师和学校的。很多中考生家长和考生能很好地面对考前压力和失眠情况，但是也有很多家长和考生却失败了，有一位中考生就有这样的遭遇，中考的前一天晚上，她怎么都睡不着，结果被她妈妈发现了。她妈妈非常生气，不停地数落她。最后她妈妈整晚守在她旁边等她睡着。结果，她一夜都没有睡着。第二天她真的是昏昏沉沉，结果中考失利了。因此，家长和考生都要重视和注意考生的考前失眠问题。

金钥匙

（1）教育孩子端正考试态度。端正考试态度是缓解、治愈考前失眠最有效的武器，看似容易却很难做到，因为很多考试对我们的人生或者工作有很重要的影响，想要做到端正考试态度实则很难。但一次或者人生某个阶段的几次考试，并不是人生的全部，只是人生历程中的一个小分岔路，要学会看淡考试结果，看轻考试成绩，考试成绩不理想并不能代表以后的道路会崎岖坎坷，其实“塞翁失马，焉知非福”，反过来想也未必是坏事。

（2）帮助孩子放松备考心态。端正态度是必需的，同时也要科学地复习，保持轻松的心态，做到有计划、有重点、有方法地复习，卸掉自己的包袱，放松备考的心态，这样不仅能使复习效率提高，还能有效地缓解精神压力，帮助睡眠。

（3）帮助孩子制订合理的复习计划。在备考阶段，制订合理的复习计划，不要盲目地眉毛胡子一把抓。应严格落实计划，完成了当天计划就可以休息放松，这样每天的压力不会太大，而且有了计划和方向，孩子的复习会更得心应手。

（4）营造良好的睡眠环境。保证卧室的光线够暗，这样有助于睡眠，给孩子准备一张稍微柔软的床，这样睡起来更舒服，不要轻易换床，否则会用很长的时间适应。除此之外，复习完毕后不要立刻躺下，可以听听音乐或者坐一会儿，放松心情后再入睡。

（5）帮助孩子适当调节生活规律。考前要适当地调节生活和作息时间，不要挑灯夜战，甚至通宵达旦，这样久而久之会打乱生活规律，养成晚上睡不着、压力大的不良习惯，尽量在考试前按时就寝，做到早睡早起，建立良好的生物钟，这样会帮助孩子每天在固定的时间入睡；饮食上要有规律，注重营养物质的搭配，切不可过于单一，应讲究荤素搭配，睡前可以喝一杯牛奶或者吃一个苹果，这样有助于睡眠。

（6）参加娱乐活动和体育锻炼。很多人考试前拒绝一切文体活动，只是一味地投身书海，这样不仅复习效果差，还极大地影响了身体机能，导致身体长时间处在疲惫的运转中。此时如果进行一场轻松休闲的娱乐活动或者进行一场大汗淋漓的体育运动，孩子的整个神经都会放松下来，在精神和身体都无比舒畅的情况下，良好的睡眠如期而至。

（7）使用热水泡脚。睡前可以用热水泡脚，然后进行适当按摩揉捏，促进全身血液循环，这样能帮助孩子较快进入梦乡。睡前半小时喝一杯牛奶有助于睡眠。从来没吃过安眠药的考生，考试前一天不建议服用。尽管现在的药物治疗是安全的，但每个人对药物的反应不一样，如果不适应药物反应，有可能会适得其反。

（8）不要从书桌直接上床，放下书本倒头便睡，这样不利于进入深度睡眠。因为人的大脑从兴奋状态到睡眠状态，有一个过渡、缓冲的过程。因此，应该在睡觉前让大脑放松 30 分钟，如到户外做些轻微的运动、洗个热水澡、用热水泡脚 5 分钟、听听音乐等。此外，上床后要排除一切杂念，不要想复习或考试的事，可以想象一些让人轻松舒畅的景象，使大脑放松。

对于习惯性考前失眠的学生来说，现在可以开始练习呼吸松弛训练法。考试前一天万一睡不着也可以采用自己习惯的放松方法来练习，如果在床上感到烦躁，不如起床静静坐着，喝杯水，再尝试入睡。呼吸松弛训练法是通过稳定的、缓慢的深呼吸方法达到松弛的目的。一般要求连续呼吸 20 次以上，每分钟呼吸频率在 10 ~ 15 次。吸气时，双手慢慢握拳，手腕微曲，达最大吸气量后，稍屏息一段时间，再缓慢呼气，两手放松，全身肌肉处于松弛状态。训练时注意力高度集中，全身肌肉放松，每天练习两次，每次 20 分钟左右，尽量躺着练习，也可以选择自己感觉舒服和放松的体位练习。

7. 如何正确对待孩子的考前压力

中考生家长：明显感到孩子现在压力越来越大，本市只有一所重点高中，升学竞争还是很激烈的，晚上我们要催几次，孩子才肯上床睡觉，很担心孩子压力大了，会承受不了，家长要如何面对孩子的考前压力呢?

案例分析

中考生压力过大会造成一些负面的影响，表现在以下两个方面：

（1）压力对个体情绪的负面影响。大部分的压力都会让人感到不舒服，会带来不愉快的情绪，其中最主要的是焦虑和沮丧。焦虑中含有不安和忧虑的成分，显示当事人在遇到压力后有些慌张，不知该怎样做，同时又希望找到新的策略。过高的焦虑值，会使学生学习效率降低。沮丧中含有失望、抑郁、甚至悲伤的成分，当尚未找到应付的新途径，情绪就会陷入低潮，长期压抑得不到释放，就容易引起各种心理疾病。

（2）压力对个体认知的负面影响。当一个压力来源被个体认定为有威胁时，认知智力方面的功能就会受到影响。例如，当考试时，老师站在一个学生旁边看着他考试，就会对学生造成压力。如果学生认定这个压力对他构成了威胁，他注意力的焦点就会放在个人焦虑上面。而人的注意广度是有限的，对其他问题的注意力就会大大下降，记忆力随之下降，直觉范围缩小，思维也比较刻板、固执、缺乏弹性，创造性思维功能更是明显下降。

金钥匙

（1）帮助孩子不要让情绪积压，要学会自我排解压力。压力大的时候，可以采取不影响他人的方式，将内心的消极情绪发泄出来，然后重新投入学习和生活。如大哭一场，将郁闷的情绪发泄出来，感觉就会好受一些，或者找人倾诉烦恼。可以找亲朋好友或同学倾诉，听听别人的见解，通过交流能有效地缓解心理压力。不要把不愉快的事情放在心里，找个途径发泄出来，心情自然就会好起来。

（2）转移注意力从而消解压力。简单地说就是在一件事情上失败了，情绪很沮丧，那么可以通过其他活动来弥补不能实现的愿望，或者转移注意力，让压力在其他活动中得到释放。例如，参加文体娱乐活动，使自己获得愉快的心情，压力就会逐渐消解。

（3）不要过分苛求自己。要知道，每个人都有自己的长处和短处，没有人是全能的。如果要求自己十全十美，甚至以己之短比人之长，必然压力重重。青少年应该建立悦纳自己的健康人生态度，树立适度的奋斗目标，这样才更有利于健康。

（4）告诉孩子不要胡思乱想，专心做事。一个人同时面对多件事情时，容易形成巨大的压力。所以，要学会有计划、有步骤地安排自己的生活和学习，集中精力做一件事，以免弄得身心疲惫。

（5）少说话，多做事。唠叨，是家长常有的事。但在考前或考试中，家长不要用语言去影响孩子，可以拍拍孩子的肩膀、对孩子点点头、摸摸孩子的后脑勺、与孩子握握手，以示鼓励。

（6）家长应该做到三尊重：尊重孩子的生理规律，防止主观干涉；尊重孩子的应考习惯，防止强行指导；尊重孩子的性格特点，防止偏激教诲。

（7）家长要做到三陪同：陪同孩子用餐但不陪同睡眠；陪同孩子运动但不陪同复习；陪同孩子聊天但不陪同赶考。

在孩子考前几天，家长不宜说的话有：

一定要为自己争口气啊！

加油！爸爸妈妈等你成功归来！

你要吃什么，这三天爸爸妈妈一定满足你。

祝你成功！妈妈在单位里也能有光彩了。

成败在此一举！

仔细啊，千万不要有任何的疏漏，争取多拿分，一分可以打倒很多人的。

千万不要紧张，爸爸妈妈在外面为你加油！

现在检验你成绩的时刻到了，你一定要好好把握！

同样是人，我就不相信我家孩子比人家的差，孩子争气呀！

爸爸妈妈这么辛苦都是为了你，你一定要争光，一定要有出息！

8. 考试当天如何帮孩子放松

中考生家长：我同事的孩子是去年参加的中考，上午的一门没有考好，看见别的同学因为考得好喜笑颜开的样子，同事的孩子很沮丧，感到压力很大。我的孩子马上要中考了，考试当天，该如何帮助孩子放松呢?

案例分析

许多同学上午考试回来，或兴奋得没法午休，或沮丧得不想再参加考试。家长们急在心里又不知怎样劝孩子平静下来。作为家长，如果熟悉孩子心理，就可及时对孩子进行心理疏导。

金钥匙

（1）如果考场离家里比较近，应该跟平时一样按照常态进行；如果距离较远，从考生安全的角度考虑，还是可以接送。家长送考时不要过多谈及有关考试的事情，像平常的交流一样，应该提醒孩子考试用品有没有带齐。

（2）吃完午饭后，应让孩子休息一会儿，可以说："躺一会儿，不必非得睡着，让身体放松休息一下，等会儿我叫你。"睡眠是不能带着睡眠压力的，这样轻描淡写地说，孩子更容易入睡。注意睡眠的时间并不是越长越好，一般入睡后不要超过半小时，在他进入深睡眠以前一定要叫醒他。

（3）考生第一场没有考好，情绪沮丧，家长不要埋怨孩子，及时进行疏导，指导孩子，考过就过去了，不要再想考过的事情，要把精力和注意力放在下午的考试上，并鼓励孩子：你是最棒的！

（4）考生第一场考得好，一般会很兴奋，甚至会"得意忘形"，家长要及时提醒，谦虚使人进步，要把注意力放在下午的考试上。

（5）家长不能在考前给考生过多过重的心理暗示，应该更多以关怀为主；家庭气氛要保持良好状态；在饮食起居上，家长尽量做到与孩子同步；要注意考生的身体状况，避免形成不良生理反应等；要注意考生的心理状况，如果孩子过分焦虑或沮丧，应及时进行心理疏导，如果家长难以胜任，可请心理咨询师或班主任等人进行心理沟通。

9. 第一场考试就考砸了怎么办

中考生家长：经常听说考生第一场考试发挥失常，一步走错就步步错，很担心自己的孩子今年中考也会出现这样的情况，如何正确处理这种情况?

案例分析

哪怕学习最优秀的学生，如果第一场考试考砸了，都不可避免地会影响他的心情，处理不好还会牵连到他后面的考试。但是，也有很多第一场没有考好，"力挽狂澜"的成功事例，主要是家长临危不乱，对孩子科学指导或疏导，使孩子稳定了情绪，后面几门考试都发挥出正常水平。

金钥匙

（1）家长情绪要稳定，做孩子的倾听者。孩子第一门考砸了，大部分家长都能做到不责怪孩子。但有一些家长容易犯另一个错误："别想了，想了也没用"，"不会的，情况没你说的那么糟！"这其实是在盲目地否认孩子的失利。孩子当然知道"想了也没用"，他也知道"只是这一门考砸了"，但他内心是惴惴不安的，这时候家长特别需要去倾听他的不安、他的委屈、他的自责。只有有人理解他，他才能稍稍好受一些。

（2）家长帮孩子正确分析失利的原因和后果。如果由于题难，而没有考好，那么其他的孩子同样也没有考好，因此，没有必要为此事纠结和烦恼。然后，引导孩子把注意力放在下一门的考试中，并全力以赴。

（3）如果孩子情绪不稳定，甚至焦虑，家长可以指导孩子学会心理放松。

10. 如何面对自暴自弃的孩子

中考生家长：我的孩子成绩一般，很不自信，最近还出现自暴自弃的心理：反正我不行，复习也没用，留级算了。面对孩子这样的学习心态，我们很生气，但是，又不知道该如何科学地指导孩子。

案例分析

一些基础差的孩子这个时候容易自暴自弃，这类学生对自己有较高的要求，也为自己确立了明确的目标，学习勤奋刻苦，但成绩总不理想。这类学生多集中于女生，她们常为自己的成绩不能提高而苦恼不已。这类学生对问题的反应能力、接受能力相对较差；对知识的综合运用能力、类推的能力相对较差；没有适合自己的学习方法，所以很容易产生厌学情绪，自暴自弃。厌学是初三学生中比较突出的问题，不仅是学习差的同学不愿学习，就连成绩很好的同学也有这种倾向。出现厌学和自暴自弃的一个主要原因是适应不了初三的节奏，灰心放弃，如因反应较慢、基础太差怕被人讥笑而不愿上课；如因记忆、理解等能力缺失使成绩难以提高而对自己失去信心。还有的同学是因为学习意志不坚强、青春期情绪躁动而产生厌学心理，如有的同学面对课本、作业本、试卷，表现出强烈的焦躁、愤懑和无奈。面对孩子的这些心理问题和困扰，如果家长处理得当，是可以消除和避免的。

金钥匙

（1）家长要听听孩子的真实想法。家长要学会和孩子做朋友，多站在孩子的角度考虑问题，听听孩子在中考问题上有哪些顾虑，分析孩子为什么会产生这些顾虑和压力。倾听的同时还要注意多观察孩子的举动，真正走入孩子的内心深处，让孩子找到停靠的港湾，这样，家长朋友们才能针对自己孩子的问题对症下药，帮助孩子们纾解心理压力。

（2）消除孩子的沮丧情绪。有些孩子的人生观、世界观和价值观还不成熟，尤其在学校的大环境中容易受到同龄孩子不良行为的影响。例如，周围其他孩子厌学、逃学，如果不随波逐流可能会被孤立，对于这些不好的行为，孩子一般不会主动和父母讲，所以，家长在和孩子沟通时要善于察言观色，见微知著，以循循善诱的方式引导孩子勇敢地说“不”，告诉孩子这样才是成熟、勇敢的表现。很多成绩不好的孩子，只要学习的积极性被调动起来，还是可以赶上去的，只要自己和家长不放弃，一切都有可能。

（3）尊重孩子，使其树立自信心。有些孩子至今还躲在父母的羽翼下，许多事情都听父母的安排，有父母为自己着想就不操心，这样不利于孩子的健康成长。家长可能考虑到孩子学习压力太大，不忍心看孩子扛太多事情，但孩子终归要步入社会、面对残酷的现实，家长可以在背后关注孩子的行为，必要时加以正确引导，对符合孩子身心成长的事情，放手让孩子去做，多听听孩子的看法和解决问题的建议，树立孩子学习的自信心。

（4）辅导孩子加强学习，注意减压和自我调整。学习是一种脑力劳动。科学地安排生活、学习，体力劳动与脑力劳动相结合，有助于减轻压力、及时消除疲劳。这个时期，考生可做一些方便可行的运动，包括跑步、打球等。在不同的情境中，选择不同的暗示语进行心理调节。例如，考试遇到困难时，可用“冷静”“细心”“沉住气”等词语暗示自己。考生要特别注意，暗示自己时不能使用否定性词语，如“别紧张”“别慌”“可千万别出错”等，否则会适得其反。考试遇到困难时，精神胜利法是克服困难的一个有效方法。如果在考试中遇到不会做的题，考生不要惊慌，不妨这样想：“我不会，别人也未必会”“我难，别人肯定一样难”。这样的精神胜利法在紧张的考试中可起到驱散心理压力及平和心态的作用。

11. 考试期间孩子生病怎么办

中考生家长：朋友的女儿是去年参加的中考，考试的时候，孩子突然病了，患的是肠炎，吃药打针，病好得很快，但是影响了孩子的考试情绪，考试没有发挥好，仅考了一个普通高中，给家长和孩子留下了一个遗憾。今年，我的儿子就要参加中考，我想问的是，考试期间孩子生病怎么办?

案例分析

一般来说，只要孩子不是那种病得不能坐下来拿笔写字，生病对考试的影响其实就只是心理上的，并不会妨碍大脑思考。身体的不舒服可能会分散孩子的注意力，在心理上造成孩子的焦虑和不安，但是，做好预防工作，就可以把中考期间生病的不利影响降到最低。同时，有些疾病是完全可以预防的，如感冒，这就需要家长平时细心了。

金钥匙

（1）中考期间感冒了，可以多喝水，一般不建议考生服用特效感冒药，因为感冒药可能会引起瞌睡或精神不济。但服用一些中药冲剂是可以的，具体遵医嘱。中考期间发烧的话，必须使用能够快速退烧、清醒头脑的药物，建议备好解热镇痛片，如布洛芬或尼美舒利颗粒，有必要时可带进考场。

（2）中考期间头痛，应多注意休息，可以在医生建议下，适量服用维生素 B1 和谷维素或者索米痛片，可以营养神经、舒缓疼痛。

（3）考生肚子痛，可以适量服用相关抗生素以及有抑菌、收敛肠道作用的小檗碱。需要紧急用药，可以向监考老师申请，学校医务室一般会备有常用药品，可以提供给考生。考试时可以申请上卫生间，会有老师陪同，但需要注意的是，考试时上卫生间是一种时间浪费，时间不会另补。所以考生们务必注意，考试期间饮食以清淡、卫生为宜。

（4）中考时因为天气较热且考生精神高度集中，很容易出现中暑的情况。如果考生临场出现心慌、出冷汗、头昏、恶心、乏力、眼前发黑等晕场症状，可做如下处理：立即停止答卷，闭目停思，深呼吸 3~10 次，然后尽量使自己放松；闭上眼睛，排除心中杂念，让大脑做短暂的休息，意念上想象从头到脚血液在缓缓流动，逐渐恢复正常状态。如感到眩晕，脸色苍白，这是大脑供血不足的表现，可在监考人员的帮助下，选择适当的场所，头低脚高仰卧几分钟，保证大脑供血。

一旦出现晕场对考生的影响不言而喻，只有做好考生考前的心理指导，引导考生调整好应试心理，防止发生晕场才是上策。考生还可在太阳穴上涂风油精用于提神醒脑。

12. 孩子担心考试发挥失常怎么办

中考生家长：我们单位，每年都有同事的孩子参加中考，就有很多中考生问家长：考试发挥失常怎么办，或考不好该怎么办，并不是每个家长都能恰如其分地回答孩子的，今年，我的孩子也要参加中考，要是孩子问我这样的问题，该如何正确地回答孩子，才能起到正能量的作用?

案例分析

考生考试前最多的担心是“考试发挥失常”。许多学生在过去大大小小的考试中都出现过一两次考试发挥失常，考生们自然害怕在这关键的一考中又出现失误。实际上所谓考试发挥失常，它产生的主要原因往往与出题过偏、怪、难有关。因此家长可以向孩子解释，大规模的考试，出题是比较严谨认真的，基本不会出现有时在学校考试出现的怪题、偏题，不会让你看到考题找不着北。

“如果我考不好怎么办？”有的家长说：“无所谓，考不好就考不好！”有的家长说：“考不好就完了，我没办法，到时候你自己看着办吧。”这两种回答都不可取，考试对孩子、对家长都很重要，不可能无所谓，这么回答要么口是心非，要么是对孩子早已失去信心；而强调考不好的可怕后果，则会干扰孩子对学习的专注。这时最好认真、诚恳地与孩子共同面对这个问题，承认考不好的确是我们不愿接受的，但无论怎样现在都要尽心尽力，“咱们尽力！”只有这样，将来才不会后悔、自责。

家长应该更多地了解孩子考前的一些心态和压力表现，这样便于家长有针对性地进行辅导，中考生学习压力大的表现如下：

（1）对老师传授的知识不感兴趣，上课无精打采，注意力不集中，做小动作，破坏课堂纪律，抄作业或不完成作业等。

（2）害怕考试，对考试表现出明显的焦虑，考前过分紧张，睡不好觉，考试时脑子里一片空白，平时会做的题都忘得一干二净，或发生病理反应，如头晕、肚子疼、容易疲劳、没有食欲等。

（3）因为学习好，对自己总是有很高的要求，总想争第一，稍有失误就痛不欲生。

（4）和家长关系紧张，特别厌烦家长督促检查自己的学习，不愿意和家长讨论有关学习的事，对家长提出的成绩及排名要求非常反感并表现出强烈的反抗。

（5）因成绩差而过分自卑，对自己没有信心，经常因为自己的成绩或其他方面的不足而苦恼，心理脆弱，有时会因此而离家出走或产生轻生念头。

金钥匙

（1）帮助孩子强化自信。不管现在是成绩拔尖，还是跟别人有一定差距，千万别忘了每天都带着信心起床。不论个人情况怎样，每个人都有自己的优势和不足。有的同学基础扎实根底深，不论中考如何变，都能游刃有余；有的同学思维灵活敏捷，有一定的创新思维，理解能力强，对考查创新的话题尤为适应；有的同学阅读面广，视野开阔，心理素质好，抗压能力强，善于超水平发挥。不管怎样，在中考前夕，对于自己的缺点和不足不要过多地自我责备，要多看、多想自己的长处和潜力，激发自信心。如果自信不一定能让你成功的话，那么丢失信心就一定会导致失败。很多成绩优秀的同学在中考中失利，他们不是输在知识能力上，而是败在信心上。

（2）帮助孩子优化情绪。人的学习生活中，情绪扮演着十分重要的角色，它像染色剂，使人的学习生活染上各种各样的色彩。要学会转移情绪，将自己的情绪调整到最佳状态。在情绪紧张的时候，听听轻音乐，哼哼小调，或伸伸胳膊，弯弯腰，摇摇脖子，扭扭屁股；或漫步户外，看看云霞，听听蛙声；或与同学聊聊天，讲讲趣事，幽默幽默。在考场上可做深呼吸、望望窗外。通过这些，既调节了心理，又优化了情绪。

（3）帮助孩子自我减压。临考前降低心理预期目标，不要总是想着一定要考上重点高中，考上重点班。要知道中考只是人生中的一个阶段，并不是全部。只要以平常心对待考试，充分发挥了自己的水平就是胜利。以怎样的心态对待复习与考试，对进入最佳状态关系很大。若把复习与考试看成一种挑战，会激发自己很快进入状态；若把它看成一种锻炼，会以平和的心态投入；若把它看成一次机会，会以积极的心态迎接。

（4）积极暗示。积极暗示能强化自己的信心，消除烦恼；消极暗示会降低人的信心，徒增烦恼。考生在考前就要根据自己的情况，进行积极暗示，自我打气，如“我行，我一定行”“我潜力大”“我进步大”“我喜欢挑战”。如遇到自己实在解不出的难题也不要忧心忡忡。从狐狸吃葡萄的故事中我们可以得到启迪，狐狸吃不到葡萄就说葡萄是酸的，这并不是“自欺欺人”，而是“聪明过人”之处。面对自己确实吃不到的葡萄，与其在架下上蹿下跳白费力气，还不如说这棵葡萄是酸的，另找甜的——自己熟悉的、力所能及的事情去做，取长补短，同样可以成功。通过良好的自我暗示，可以驱散忧郁，克服怯懦，恢复自信，激发兴奋点，把自己的心态和情绪，调整到最佳状态。

（5）保持平常心。无论最终考试结果如何，都要保持一颗平常心，古训道：“不以物喜，不以己悲。”如果考试成绩理想，那么就要为即将展开的高中生活做准备，提前学习高中课程或者背诵高中英语词汇等，争取在高中阶段做个佼佼者；而对于没有拿到理想分数的同学们，也不要灰心丧气，一蹶不振，应该尽快从悲伤失望的情绪中走出来，分析中考复习各个环节出现的问题，以备来年再战。

（6）笑对考场。人的表情与内心体验是相互促进的。笑与自信的体验是一致的，相互促进的，充满信心使人微笑，微笑使人增强信心。考前与考中微笑，内心就会自然滋长自信的体验。考场遇到同学面带微笑，打打招呼就会相互鼓励；遇到监考老师面带微笑，主动问好，老师也自然向考生问好，这样在不经意中就消除对考场的陌生感、紧张感，获得心理上的安全感。

13. 为什么越临近考试孩子越厌学

中考生家长：我的孩子成绩很不错，班主任有要求，必须上本市重点高中，还在班上点名了，可是最近我发现孩子不对劲，说读书很辛苦，不想去学校了，这使我紧张起来，我想问的是，为什么越临近考试，孩子越厌学?

案例分析

很多中考生反映他们会在某个阶段有这种感觉：一方面内心很焦急，另一方面却又感到说不出的疲倦以致学习没效率。当孩子出现这种状况时，请家长首先理解，这是大脑给出的一个信号：孩子需要适当休息调整了。人的大脑与其他器官一样，需要劳逸结合，如果外界强制性地给予学习任务，大脑自身的保护机制便会产生所谓“保护性抑制”，也就是说这时候大脑已经没有运转的效率了。孩子越临近考试越厌学，学习效率不高，就会不自信，于是会产生一种逃避心理。这时候家长可以想想孩子平时都喜欢什么活动，提醒他适当休息。

金钥匙

（1）帮助孩子以平常心对待中考。中考只是高中学校选拔学生的主要手段，它只不过是对自己的才能和所学知识的展示和检验。因此，要脱离自我的小圈子，学会从大的背景下去思考自己的前程和命运。人生的道路千万条，条条道路通罗马。考上了，争取到了深造的机会，要加倍努力学习知识，为将来的发展打下坚实的基础；考不上，勇敢地面对现实，况且社会上也有很多学习的机会可以充实自己。

（2）树立考试的信心。注意平时积累，学习在于努力，成功在于积累。平时不努力，知识掌握不牢固、不系统，考试前临时抱佛脚，肯定心里没底。这样考试的时候就容易紧张、焦虑。所以，平时要努力学习，及时复习，对所学知识和技能做到真正理解和整体把握，考试时才能得心应手。俗话说，“艺高人胆大”，就是这个道理。父母要告诉孩子面对考试要保持一种平和心态，做好预测，不要有过高的期望，告诉孩子“你能行！”“你很棒！”让孩子增加自信心。

（3）帮助孩子学会自我减压。

转移减压法。有意识地转移注意力是减轻心理压力的有效途径。针对精神长期高度紧张的状况，家长应帮中考生学会自我调适，及时放松自己，如参加各种体育活动，放学后泡泡热水澡，与家人、朋友聊天，双休日抽出一些时间出游，还可以利用各种健康的方式宣泄自己压抑的情绪。

环境减压法。对考生来说，学校的学习氛围很压抑和紧张，所以在家庭环境方面，家长应营造一个良好且宽松的生活与学习氛围。如在言语中不要天天对考生灌输努力学习考重点高中等，家长可以在为孩子迎考服务方面暗中给孩子以物质与心理上的支持，如营造安静的家庭学习和休息氛围、为孩子安排好饮食等。家长在考前应积极与孩子进行亲子沟通，如倾听孩子的倾诉、与孩子多聊天、尊重孩子的意愿、多鼓励孩子。

睡眠减压法。充足的睡眠是保证考生精力充沛、心理宽舒与平衡的前提。如何改善考生的睡眠呢？首先，家庭应为孩子营造一个安静的休息环境；其次，针对考生考前睡眠时间少、身心过度疲劳的情况，安排考生进行多时段的睡眠。对脑力劳动强度大的人来说，多时段的休息是调节过度紧张的有效方法。

运动减压法。科学地安排生活，体力劳动与脑力劳动有机结合，劳逸结合有助于减轻压力，及时消除疲劳，同时还会有效转移考生的注意力。针对考前时间紧的情况，考生应学会抓住间隙时间进行体育锻炼，如在学习的间隙可以伸伸腰、踢踢腿、做做深呼吸等。

14. 家长着急，可孩子不急怎么办

中考生家长：我的孩子好像没有什么压力，该玩就在玩，家长着急，可孩子不急，我要问的是，孩子压力大有哪些表现？我们好对症下药。

案例分析

孩子是不是有压力，急不急，家长可以进行观察，针对具体情况进行辅导。一般来说，中考生压力大有如下表现：

（1）对自己的现状很不满意，对自己不信任，经常怀疑甚至否定自己，害怕同学超过自己并且距离会越拉越大。

（2）考试之前一段时间一想到考试就焦虑，因为担心自己考不好而难以入睡。

（3）始终处于高压状态，不敢放松，分秒必争，如果不这样就会感到内疚。

（4）总是怕自己考不好被同学看不起或者受到责怪。

（5）遇到一些棘手的问题常常焦躁不安，静不下心。

（6）经常丢东西或者打碎东西。

（7）很难沟通，经常对身边的人发火。

（8）考试中大脑一片空白，很多自己熟悉的知识点也被忘记了。

金钥匙

（1）家长可起提醒和监督作用。如果孩子缺乏自觉性和坚持性，家长可适当提醒孩子，要学习了，帮助孩子学会自我约束和自我调整情绪。

（2）增强学习实力。考生的信心是建立在学习实力基础上的，只有学习有实力的考生中考才会有信心。因此，考生在备考冲刺阶段要根据自己的情况建立知识的网络体系，查漏补缺，确实增强自己的学习实力，这样有利于考生信心的增强。

（3）不要攀比。所谓中考成功就是考生在中考中发挥出自己的实际水平，这就是成功。考生不要相互攀比，只要能发挥出自己的实际水平就意味着中考成功，攀比只能挫败自己的信心，挫伤自己中考的积极性。

（4）中考目标期待要适当。考生要根据自己初三以来的考试成绩，特别是一模的考试成绩，实事求是地评估自己的学习实力，确定自己的中考目标。考生如果把中考目标定得过高就会由于难以达到目标而产生考试焦虑，影响考试水平的发挥。考生把中考目标定得太低也会影响考生潜能的发挥。

（5）不打疲劳战。很多考生搞疲劳战术，学习时间很长，特别是晚上学习到 12 点，甚至是一两点。这样会使考生精疲力竭，第二天无精打采，上课时趴在桌上睡觉，这种疲劳烦躁的心情会使人信心减弱。考生安排好作息时间，有计划、有步骤地学习，既重视学习时间又重视学习效率，这样考生的生物节奏感与心理节奏感相协调，有利于增强信心。

15. 如何帮助孩子克服抑郁心理

中考生家长：孩子刚升九年级的时候，孩子外婆去世了，孩子难以接受这个事实，因为她是外婆带大的，与外婆感情很深，最近吃不香，睡不好，感觉情绪很抑郁，有时候发现孩子在梦中哭醒，面对孩子这种状况，我们该怎么办?

案例分析

抑郁是一种消极的情绪体验，它是遭受挫折，面对巨大压力等之后的沮丧和失望。抑郁的人对生活兴趣减退，对前途悲观，甚至有厌世感，严重的会有自杀倾向。

导致抑郁的原因大致如下：

（1）压力过大。很多家长望子成龙，望女成凤，买资料、请家教、送鲜奶，关怀备至，殷勤周到，其目的就是希望孩子考上重点中学或考上大学。然而，很多学生心有余而力不足，越学成绩越差，说学吧，跟不上，不学吧，难见“江东父老”。在巨大的压力面前，他们开始厌学，学校和家庭都不是安身之所，很多学生就是在这种背景下离家出走，甚至走上自杀之路的。

（2）家庭不幸，遭受挫折，心理承受力差。家里突然发生意外，会使孩子一下子跌进万丈深渊，且自己无力摆脱；一次重要考试失败，老师和家长的责备等，都会导致学生产生抑郁。

（3）不良性格所致。一些学生意志薄弱，优柔寡断，在困难面前容易退缩，徘徊观望，经历的失败多了，就会产生自卑，忧郁寡欢。

金钥匙

（1）采取改变错误认知的方法教育孩子。抑郁与孤僻不同，抑郁是一种消极的情绪，它可能是暂时的，产生这种消极情绪，是抑郁者消极认知的结果。例如，有的学生由于没考好而一蹶不振，他认为没考好，就不聪明，不是一个好学生。实际上不是的，这只能说明他的某门功课没考好，这也许有客观原因，如没复习好、身体不适等。以后通过努力，把这门功课考好，问题就解决了。要帮助考生全面、辩证地看问题，没有失败就不会有成功。

（2）帮助孩子锻炼自己的意志。马克思说："生活就像海洋，只有意志坚强的人，才能到达彼岸。"一个人一旦拥有坚强的意志，他就会创造生命的奇迹。人生不会一帆风顺，总会有这样或那样的曲折和困难，因此，苦恼、痛楚不可避免，关键是一定要在苦痛中重新振作起来。

家长要多为考生创造锻炼意志的机会，让学生参加集体劳动、让学生多做点家务等。这对锻炼学生的意志都有好处。

（3）帮助孩子树立必胜的信念。作家丁玲曾说："人，只要有一种信念，有所追求，什么艰苦都能忍受，什么环境也都能适应。"信念能使人产生坚强的意志。

一个人的信念可能是积极的，也可能是消极的。积极的信念会使人乐观向上、朝气蓬勃。必胜的信念会使人始终充满斗志，充满积极乐观的精神。因此，积极的信念成为引导和鼓舞孩子朝着既定目标前进的指路明灯和推进器。

16. 考生考试怯场怎么办

中考生家长：我同事的孩子是去年参加的中考，考试的时候，出现了意外，就是紧张，甚至休克，虽然通过紧急处理，孩子度过了中考，但是，成绩出来后，仅仅能上一个很普通的高中。我的孩子今年中考，我很担心自己的孩子也会出现考试怯场，请问，怯场是怎么回事，如何预防和处理?

案例分析

在考试过程中，常有考生因回忆不起所需的知识，急得面红耳赤，满头大汗，甚至垂头丧气。但情绪越紧张，越想不起来；越想不起来，越紧张，因而造成恶性心理循环。考试焦虑造成的这种心理障碍也叫怯场。

产生怯场的原因大多是由于情绪高度紧张而出现的。孩子过度紧张是由于过重的压力造成的，压力来自各个方面：家长、学校、社会及孩子自身。由于考试时间短暂，所以，对于考场上出现的怯场现象，需要用最快的方法加以调节。最好在考试之前就加以练习，这样效果才好。对于焦虑情绪较严重，或有过怯场情况的考生，更应该及早训练和矫治。

金钥匙

（1）指导孩子正确认识自己的学习水平，正确对待考试。不要盲目地给孩子定过高的指标，孩子的学习水平是客观的，只要认真复习，认真做好考试准备，能正常发挥自己的实力就好。有的孩子对自己的正常水平认识不够，自我期望过高，甚至有侥幸心理。考试时见到不熟悉的题目，紧张情绪加剧，就容易导致一连串的失误。应让孩子正确地对待考试。让孩子认识到，考试就是考查自己的学习水平，不要给自己定太高的目标。让孩子知道，考试遇见不熟悉的题目是正常现象，每个同学都会遇到。“胜败乃兵家常事”，只要尽自己最大的努力就好。

（2）家长要注意做好减压工作，帮助孩子减轻自我压力。临近考试时，不要天天谈考试的事，因为家长说得越多，刺激孩子产生紧张情绪的信号就会越多，也不宜在考试前和考试期间，为孩子做过多的物质准备和具体服务，像保护大熊猫似的处处服务周到，这些都会给孩子增压。此外，在考前让孩子适当地参加一些文体活动，对防止怯场很有好处，适当改善一下饮食是可以的，但不能过分。

（3）消除考前疲劳：有的考生习惯于考前开夜车，搞得自己很疲劳，这是不科学的方法。人越疲劳，记忆能力越差，发生暂时遗忘的可能性越大。而且，人在疲劳状态下，容易引起大脑迟钝的生理反应，这些都会加重怯场现象的发生。因此，考前一定要注意加强营养，保持正常的饮食和睡眠，避免过度紧张和劳累，以便养精蓄锐迎接考试。

（4）做好考前知识及心理准备。考试之前，要全面系统地认真复习，弄清不懂的问题，不打无准备之仗。那种平时不烧香，临时抱佛脚的做法，会使人产生过度的焦虑，引起考试的紧张心理。考试时，对自己要有充分的自信心，要从容不迫、豁达开朗，多想自己是全面系统复习过的，自己有把握考好，多想老师、父母、亲友鼓励自己的话等，从而抑制考试的紧张心理，产生积极情绪，提高大脑的工作效率。

（5）指导孩子在考场上运用“转移注意力”和“自我暗示”的方法缓解自己的紧张情绪。暂时强迫自己把注意力集中在考试以外的事物上，以缓解紧张情绪。例如，当心里过于紧张时，认真听老师讲考试注意事项；或答题前先工工整整地写上姓名、学号、准考证号等，都会使自己平静下来；或在内心提醒自己：我是很镇定的，呼吸多么平稳，头脑也很清楚。这种反复提醒也有助于缓解紧张情绪。

（6）指导孩子事先明确自己答卷的程序和要求。看准题目，审清题意，逐个题目按顺序往下答。容易紧张的孩子不要看完全部题目，那样容易因为看到一个不熟悉的题目而增加紧张情绪，遇到不会做的题目，认真展开思路想一想，如果没有想通，暂时放下，不能占用过多的时间，以免耽误其他会做的题目。会做的题做完之后，再回过头来做难题。要仔细检查，避免漏错。大题、难题多花点时间。如果时间较少，普通题目看一遍即可，多看一看重点题目。特别注意要把试卷正反面都检查一遍，不要有漏答的题目。

17. 中考前一周家长应注意什么

中考生家长：还有一周就要中考了，看见孩子忙忙碌碌地复习着，我们就想帮孩子一把，但是又担心会适得其反，我想问的是，中考前一周，家长应注意些什么？

案例分析

家长的态度和反应，也关系到考生考试的成败，中考生毕竟不像高考生，中考生在成熟性和自控能力等方面远不如高考生，因此，家长对孩子帮助的一举一动也是很重要的。

金钥匙

（1）创造良好的家庭氛围。生活在和谐家庭的孩子是快乐自信的，他们能够轻松面对困难和挑战。可是再和谐的家庭也会产生矛盾，这个时候家长应该注意不要在孩子面前争吵甚至大打出手。孩子虽然年龄小，但是心里很敏感，很容易受到家庭环境的影响，甚至让他们对婚姻和家庭产生一种恐惧感，这对于他们以后的健康成长极为不利。在中考之前这个关键时期，“搁置争议”是最好的办法，如果实在忍受不了，那就出去找个地方解决，不要在孩子面前表演“全武行”。

（2）保证孩子的身体健康。从早晨到午饭大约要经过 6 个小时，这 6 个小时，学生一直处于高度的紧张忙碌之中，可以想象不吃早饭的后果有多严重。家长可以牺牲一些睡眠时间，买点豆汁，切点火腿，热一杯牛奶，烤个面包，煮个鸡蛋，削个水果，为孩子做些简单的事情。如果想培养孩子的自立能力，我们可以把这些东西买好，让孩子起床后自己去做，简单而营养全面。晚上孩子完成作业后，也可以适当吃点东西，但是不要喝太多水，免得夜间经常起来影响睡眠。

（3）不要制造紧张的氛围。为了给孩子督战助阵，有些家长刻意制造出“一级战备”的考前状态，如请假在家做“专职后勤”，晚上绝不打开电视等。其实，这样做反而会让孩子觉得压抑、烦闷，透不过气来。明智的做法是，家长该干什么就干什么，同时，尽量避免出现对孩子的心理产生消极影响的事件，如夫妻吵架、邻居冲突等，营造温馨、宽松的家庭氛围。

（4）不要表现出过高的期望。不少家长对孩子抱有不切实际的期望，经常把“至少要考多少分”“一定要上重点高中”之类的话挂在嘴边，殊不知这样做不仅起不到激励作用，反而让孩子越发悲观、焦虑，给孩子造成不必要的心理压力。其实，到了这个时候，孩子的知识水平和能力基本上已成定局，短时间内不可能有“质的飞跃”，因此，对家长来说，首要任务就是正确了解孩子的状况，接纳孩子的现状，不提不切实际的要求，你不妨告诉孩子：“只要尽到最大努力就行了！”

（5）切忌唠叨。在孩子复习迎考期间，一些家长总爱在孩子面前反复念叨“你要加把劲啊！”“你一定要考好呀！”等，这容易让孩子产生逆反心理，加重思想包袱。你有这唠叨的工夫，不如给孩子讲讲笑话，让他的神经放松一下。

（6）行督促监管之责。这个年龄的孩子自制力都不太好，所以在中考这个关乎未来的阶段，家长一定要帮助孩子自我管理。如果孩子自制力较差，建议家长代为保管手机等电子产品，严格限制上网时间。如果孩子自制力较好，可以酌情相待。收缴电子产品时一定要与孩子耐心谈话，告诉他人生和未来的重要性，不要争吵。

帮助孩子调整好生物钟，按时作息，一定不要开夜车，中考期间早晨、中午都要有人按时叫醒孩子，以防误点。

帮助孩子调整应试心理。考前要开导孩子放下包袱，轻装上阵；考试期间不要急于询问考试情况，而应安慰、疏导和鼓励孩子迎接下一门考试。

夜间睡觉要注意防止孩子受凉，入睡前要引导孩子放松情绪，一旦出现失眠也不要紧张，可安静地卧床休息。

（7）关心考生的饮食，不要太过油腻。中考前饭菜不要太清淡也不要太丰盛，平时怎么吃就怎么吃。尤其中考期间，建议最好是家长做饭，不要下馆子，以防饮食卫生不达标，吃坏肚子。每天喝牛奶可以补钙，喝酸奶可以帮助消化，多吃应季水果。

18. 中考第一天家长应注意什么

中考生家长：中考第一天，正是孩子“决战”的时刻，做家长的很急，如何助孩子一臂之力？请给予指导。

案例分析

中考生3年的辛劳和勤奋，就在中考这几天见分晓，其中，中考第一天至关重要，家长的态度和行为，将直接影响孩子考试水平的发挥和考试结果。因此，家长的一言一行对中考生来说都是很重要的。

金钥匙

（1）家长不该说的话：考前切忌说我等着你胜利归来；你的未

来就把握在你自己手中了；不要询问孩子准备的怎么样，等等。

（2）家长不该有的行为：不要送孩子到考场门口（考生有这个需要的除外）；不要反复提醒孩子考试的重要性，过分关注孩子的睡眠情况，等等。

（3）家长可以做的事情：与孩子聊天，缓解孩子的压力；帮孩子把文具和准考证等整理好。

（4）如果孩子对家长说考得不好，情绪低落，并且想一吐为快，家长也不要妄加任何评论，要用温柔、坚持的目光和拥抱给予支持，拍拍孩子的肩说，“考过了，就过去了”，这就够了。

家长也可以鼓励孩子好好考后面的科目，弥补前面的不足。如果考生对家长说考得不错，家长也应该提醒孩子后面的考试要谨慎。

（5）午饭后，如果孩子平常有睡午觉的习惯，最好让孩子午睡，不在于时间长短，睡得着的话，半小时就足够了。家长的任务是要准时叫醒孩子。但是，如果孩子没有睡午觉的习惯，或者觉得前一天晚上睡得好的话，睡不着也没关系，安静地在床上躺一会儿就好。进考场前，可让孩子看看下午考试科目的教材、模拟卷，找找感觉。晚上，家长要给孩子做可口的饭菜，让孩子睡前先洗个温水澡，再喝杯牛奶。可以在睡觉前帮孩子按摩头部、肩部和足部。保证孩子在复习时周围没有噪声，保证房间的通风。

（6）如果孩子想和家长说话，家长一定要放下手头的事认真倾听，然后给出合理的建议，切记要少说多听。考试这两天，家长最好做一个聆听者，平时怎么做就怎么做，最大限度地按照孩子的意愿去做事。注意，家长不要对孩子说“不要迟到了”“不要慌张”“不要胡思乱想”等，要多用肯定语气、正面语言与孩子沟通。

心理训练 肌肉收缩和松弛法来缓解压力和焦虑

轻轻地闭上双眼，做三次深而长的呼吸，1——2——3——

双手紧紧地握拳，同时感觉整条手臂也收紧，持续5秒，5——4——3——2——1——

突然松开拳头，放松整条手臂，体会放松的感觉，同样持续5秒。

再一次握紧双手，收紧整条手臂，体会一下你感觉到的收缩状态，持续5秒，5——4——3——2——1——

放松并体会手指间血液流淌的放松感觉，同样感受5秒。

以5秒为间隔再重复一次紧张—放松的练习。

握紧的时候注意手指、手和前臂的收缩状态。

放松，想象收缩的感觉从手指上消失。

全部松开，体会放松的感觉流过整条手臂。

现在皱起眉头，紧闭双眼，感觉头部肌肉的收缩。

慢慢松开眉心、双眼，体会放松的感觉。

把上下颚紧合在一起，抬高下巴使颈部肌肉拉紧并闭紧嘴唇。

然后放松整个口腔，放松嘴唇……

尽可能使劲地把双肩往前收，一直感到后背肌肉拉得很紧，特别是双肩之间的地方。拉紧肌肉，保持姿势，然后放松。

我们重复紧张—放松的动作，继续其他部位的练习，现在收紧腹部肌肉，感到整个腹部都被收紧，然后放松。

现在轮到腿部，把脚跟用力靠向椅子，努力往下压，抬高脚趾，使小腿和大腿上的肌肉都绷得很紧。用力抬脚趾，使劲下压脚后跟。

接着放松脚掌，小腿和大腿。

然后慢慢地深呼吸。

现在，请正常地呼吸，享受身体和肌肉完全放松的感觉，静静地休息一会儿。

感觉到能量和活力流过全身，这股力量会使你感到无比的轻松……

请记住这种感觉，慢慢地睁开眼睛，充满活力地醒来。

第二篇

中考生性格心理辅导

心理训练　听觉集中法缓解焦虑

这是利用听觉专注于某个声音，练习和提高集中注意力的方法，按照这个方法练习可以逐渐提高自己的专注能力，缓解焦虑。

（1）准备一个节拍器、钟表或者普通的音响设备。

（2）将节拍器、钟表放在距离自己较远的位置，或者把音响设备的声音尽量调小，以自己能够勉强听到为宜。

（3）在练习中注意调整声音的音量，如果听不到，可以将声音稍微调大，直到勉强能够听到为止。

（4）选择一个舒服的位子坐好，慢慢闭上眼睛，去静听这些微弱的声音。

（5）在静听中慢慢调整自己的呼吸，这样有助于更加清晰地听到这些声音。

（6）每次练习的时候为自己规定一个时间，然后逐步延长练习的时间，可以由最初的几分钟延长到十几分钟。

19. 孩子虚荣心太强怎么办

中考生家长：我的孩子自从上初中后，除学校硬性规定上学期间必须穿校服外，他身上的穿着全是名牌，鞋子非要阿迪达斯不可，平常休闲衣服是耐克，连皮带都要选鳄鱼的。去年刚买的手机，现在就吵着要换一款苹果新手机，说什么落伍了，平时每星期都固定给他零花钱，自从他升上初中后，每星期的零花钱都是 100 多元，有时达到 200 多元。但是最近他老是说钱不够用，要求每星期再多点零花钱。我们问他那些钱怎么花了，他说有时与同学们互相请吃麦当劳、肯德基等，有时看到精品店里有些东西不错就买了。我们没答应他增加零花钱的要求，他居然气得几天不跟我们说话，还摔了一个杯子，最终我们妥协了。他现在不让我开车载他上学，只让他父亲载他，问他为什么，他说我开的车不是名牌，丢他面子，他父亲开的是本田，与其他同学的父母相比，还算过得去。他最近与家境富裕的同学来往较多，因为里面有一些人成绩不好，素质较差，所以我劝他远离这些人，多和学习好的同学在一起，共同进步。他居然说现在这个社会读书好是没用的，关键是要有钱，有钱才能让人尊重你。还说班里那些家境不佳的同学很多都被人看不起，不管学习好不好。我的孩子怎么会变成这样，变得如此爱慕虚荣，有什么办法能劝导他呢?

案例分析

虚荣是对自身的外表、学识、作用、财产或成就表现出的妄自尊大，对表扬或赞美的渴求。虚荣心是指以虚假的方式来保护自己的自尊的心理状态。虚荣心是人类一种普通的心理状态，无论古今中外，无论男女老少，穷者有之，富贵者亦有之。

虚荣心表现在行为上，主要是盲目攀比，好大喜功，过分看重别人的评价，自我表现欲太强，有强烈的嫉妒心等。虚荣心太强对青少年的健康成长和良好人格的形成不利。

虚荣心的特点和形成原因如下：

（1）虚荣心强的人有比较强的依赖性，独立性不够，在能力上自认为有“欠缺”。

（2）虚荣心强的人有比一般人强的自尊心，然而因为依赖性，所以自信心不够，对外表现为自尊心过强，对某些事物过于敏感，比较在意别人对自己的评价，对内表现为自卑，不相信自己通过努力能够达成愿望，希望通过快捷的方式获取自己想要的东西。

（3）这种依赖性养成是因为父母不全面、不正确的教育造成的，往往是父母也有虚荣心、依赖性而不自知，一般这种父母注重孩子德行的养成，却不知道怎么培养孩子的能力，或者说自己能力不是很强。

虚荣心强的人，在学习生活中，常常把注意力放在别人对自己的评价上，爱听奉承话；不是刻苦努力，而是热衷于文过饰非，做表面文章；他们嫉妒比自己强的人，容不得别人有成就，贬低别人，幸灾乐祸。因此，他们的人际关系往往也很紧张。

孩子虚荣心太强往往表现在以下几个方面：

（1）对自己的能力、水平估计过高，常常在别人面前炫耀自己的特长和成绩。听到表扬就得意非凡，对于批评则不以为然、拒不接受。

（2）常在同学和伙伴面前夸耀自己父母的地位或者家境的富足，以突显自己的优越感。

（3）不懂装懂，喜欢班门弄斧，自以为是。如果别人指出了他的错误，就恼羞成怒，拼命要把方的说成圆的。

（4）讲阔气赶时髦，特别注重穿着打扮，不关心衣服是否适合自己的体貌，只关心衣服是不是名牌。

（5）对别人的才能从不称赞，反而鸡蛋里挑骨头，说长道短，搬弄是非。

虚荣心代表着孩子在成长过程中自我意识的增强，表明他们期待着展示出自己最美好的一面以赢得大家的认可和称赞。孩子的虚荣心大多出于单纯而强烈的不服输的心理。适度的虚荣心也是激发孩子积极进取的内在动力。因此，我们要用宽容的心体谅、接纳孩子爱慕虚荣的心理，给孩子的虚荣心留出适当的生存空间，但是要重视由虚荣心引起的相互攀比现象。

金钥匙

父母发现孩子虚荣心过强时，不要急躁，空口说教或者以命令的形式禁止都是无法从根本上解决问题的，家长和老师应采取必要的方法加以纠正。

（1）了解虚荣心。虚荣心的表现是多方面的：对自己的能力、水平过高估计；处处炫耀自己的特长和成绩，喜欢听表扬，对批评恨之入骨；常在外人面前夸耀自己有点权势的亲友；不懂装懂，打肿脸充胖子，喜欢班门弄斧；家境贫寒却大手大脚，摆阔气赶时髦；

处处争强好胜，觉得处处比人强，自命不凡；对生活中的失误归咎于他人，从不找自身的原因；有了缺点，也寻找各种借口极力掩饰；对别人的才能妒火中烧，说长道短，搬弄是非等。

（2）认识虚荣的危害。虚荣心强的人，在思想上会不自觉地渗入自私、虚伪、欺诈等因素，这与谦虚谨慎、光明磊落、不图虚名等美德是格格不入的。虚荣的人为了表扬才去做好事，对表扬和成功沾沾自喜，甚至不惜弄虚作假。他们对自己的不足想方设法遮掩，不喜欢也不善于取长补短。中学生正处在生理和心理的成熟期，这种虚荣的心态对迫切要求上进，正处于成长之中的中学生是十分有害的。虚荣的人外强中干，不敢敞开自己的心扉，给自己带来沉重的心理负担。虚荣在现实中只能满足一时，长期的虚荣会导致非健康情感因素的滋生。

（3）家长应以身作则，不要同别人攀比，以免孩子模仿。父母是孩子的第一任老师，一言一行都会影响孩子，因此，父母应以身作则，为孩子树立榜样。要消除孩子过强的虚荣心不是一朝一夕就可以完成的，家长只有通过自己的言行在生活中给孩子做出正确的示范，并且通过恰当的机会让他感受到虚荣心过强所带来的烦恼和痛苦，从而让孩子自觉地意识到虚荣心过强是不利于自己成长的。

（4）摆脱从众。从众行为既有积极的一面，也有消极的一面。对社会上的良好风尚，要大力宣传，使人们感到一种无形的压力，从而发生从众行为。如果任由社会上的一些歪风邪气、不正之风四处泛滥，就会造成另一种压力，使一些意志薄弱者随波逐流。虚荣心理可以说正是从众行为的消极作用所带来的恶化和扩展。例如，社会上流行吃喝讲排场，住房讲宽敞，玩乐讲高档。在生活方式上落伍的人为免遭他人讥讽，便不顾自身客观实际，打肿脸充胖子，弄得劳民伤财，负债累累，这完全是一种自欺欺人的做法。所以我们要本着清醒的头脑，面对现实，实事求是，从自己的实际出发去处理问题，摆脱从众心理的负面效应。

（5）调整需要。需要是生理的和社会的要求在人脑中的反映，是人活动的基本动力。在某个时期或某种条件下，有些需要是合理的，有些需要是非合理的，对一名中学生来说，对正常营养的要求是合理的，而不顾实际摆阔的需要就是不合理的。对干净整洁、符合学生身份的服装需要是合理的，而为了赶时髦，过分关注容貌而浓妆艳抹、穿金戴银的需要就是不合理的。要学会知足常乐，多思所得，以实现自我的心理平衡。

（6）端正价值观与人生观。自我价值的实现不能脱离社会现实的需要，必须把对自身价值的认识建立在社会责任感上，正确理解权力、地位、荣誉的内涵和人格自尊的真实意义。

中学阶段，学生开始为追求一定的价值目标而学习，学习成为自觉、主动而持久的活动。但是，随着社会主义市场经济体制的建立，人们的观念发生了新的变化，加上社会上某种消极因素的影响，不少学生对生活、前途、人生的态度过分追求外在的虚华，讲排场，摆阔气，大吃大喝，攀比是时髦的象征，否则就会由于跟不上形势而遭到讥讽，这都为虚荣心的滋长提供了土壤。只有着眼于现实，把自己的理想与国家、民族的前途结合起来，通过艰苦努力，克服前进道路上的困难和障碍，才有可能实现自己的远大理想和抱负。

（7）家长和老师要注意孩子的心态变化，多给孩子讲道理。要让孩子知道，与别人攀比，拥有名牌衣物，并不意味着拥有了较高的地位，只有依靠自己的努力取得成功，才能获得别人的尊重。教育孩子根据自己的需要买东西，让孩子学会理性消费，可以把家中的收入支出讲给孩子听。

（8）家长和老师要创造机会，让孩子通过自己的劳动获得想要的东西。如果孩子的要求是合理的，那么家长和老师可以为孩子创造机会，让孩子用自己的劳动挣来的钱购买所需要的东西。如在孩子力所能及的情况下，分担一些家务，然后从中取得报酬。

（9）家长和老师要客观地评价孩子。家长不能过分夸大孩子的优点，也不要掩盖孩子的缺点。对那些符合道德规范的行为，家长应给予适度的表扬。对于孩子的缺点要及时指出，帮助其分析原因，并鼓励他逐渐克服。

20. 孩子爱攻击别人怎么办

中考生家长：我的孩子头脑灵活，学习成绩还可以，但纪律散漫，经常迟到、旷课，而且他还有一个非常坏的毛病，就是脾气特别暴躁，爱打架，常常因为一点儿小事情与同学大打出手。例如，他去校园小商店买东西，就因为一个同学看了他一眼，他觉得别人在蔑视他，他看不顺眼，于是把人家打了一顿。为此，我们给伤者支付了不少的医药费。我想问问，像这样容易冲动、爱攻击人的孩子，该如何有效教育？

案例分析

在心理咨询过程中，我们得知，这个中考生的父亲是个工人，嗜酒如命，而且喝完酒就喜欢打骂老婆和孩子；母亲的性格比较柔弱，事事顺从父亲，即使受了委屈也只会偷偷地掉眼泪。在这种高压的家庭环境中成长起来的孩子，心理上比较压抑，又由于青少年还处在心理和生理都很不成熟的时期，长期郁结于内心的不满情绪又不知如何发泄，而这些积怨一旦爆发出来，往往会选择较为激烈的行为来宣泄，从而产生很强的攻击性行为，因此经常打架。在小学和初中阶段，该生均属于不受老师和同学们欢迎的差生。

攻击行为是指因为欲望得不到满足，采取有损他人、毁坏物品的行为。孩子的攻击行为常表现为打人、骂人、推人、踢人、抢别人的东西（或玩具）等。男孩以暴力攻击居多，女孩以语言攻击居多。

如果攻击行为延续至成年，就会出现人际关系紧张、社交困难等问题。孩子经常出现攻击性较强的行为时，老师和家长切不可掉以轻心，必须及早予以矫治。

出现攻击行为的原因如下：

（1）遗传因素。有些攻击性强的孩子可能存在某些微小的基因缺陷，有的孩子生来就有很强的攻击性。

（2）家庭因素。有些家长惯于用暴力惩罚的方式来教育孩子，结果孩子也以同样的方式来对待其他孩子，表现出攻击行为。如有的家长只要孩子做错事，就不分青红皂白地暴打一顿。孩子挨打以后，容易产生抵触情绪。这种情绪一旦“转嫁”到其他人身上，就容易找别人出气，逐渐形成攻击行为。又如有的家长对自己的孩子说：“如果有人欺负你，你要狠狠地揍他。”在大人的纵容下，孩子容易发生攻击行为。

（3）环境因素。美国心理学家班杜拉通过一系列实验证明，攻击是观察学习的结果。由于孩子模仿性强，是非辨别能力差，因此，很容易模仿其周围的人或者影视镜头里人物的攻击行为。有资料表明，经常看暴力影视的孩子，容易出现攻击行为。如果孩子经常看暴力影视片、武打片，玩暴力电子游戏，会使孩子的攻击性心理得到加强。

强化作用也不可忽视。如果一个孩子在偶然几次的攻击行为后，得到了“便宜”，尝到了“好处”，其攻击行为的欲望会有所增强。若再受到其他孩子的赞许，其攻击行为就会日益加重。

金钥匙

（1）创造和谐的环境。实践证明，良好的家庭氛围，可以使孩子的攻击行为明显减少。家长应为孩子提供足够的娱乐时间，不要让孩子看有暴力镜头的电影、电视，不要在孩子面前讲有攻击色彩的语言。

（2）避免孩子的攻击行为。如果孩子打了人，家长不制止，打人就成为攻击行为的“奖励物”，使孩子觉得打人并没有什么不对，以后还可以去打别人。所以，当孩子出现攻击行为时，家长要及时处理，使孩子认识到什么行为是错的，应该怎样做才对。

（3）教孩子懂得宣泄情感。烦恼、挫折、愤怒是容易引起攻击行为的情感，因此要教会孩子懂得宣泄自己的感情，把自己的烦恼、愤怒宣泄出来。可以试着用游戏的方法来宣泄，如跑、跳、投球、打沙袋、撕纸等游戏，同时要教育孩子懂得正确宣泄情绪的方法，既不能伤害自己，也不能伤害他人。

（4）培养孩子丰富的情感。有些孩子见到小动物，会去虐待它，以发泄内心的愤怒。家长可以让孩子饲养小动物来培养孩子的怜爱之心。这种鼓励亲善行为的方法，是纠正孩子攻击行为的一条行之有效的途径。

（5）对孩子的攻击行为“冷处理”。所谓“冷处理”，就是在一段时间内不理他，用这种方法来“惩罚”他的攻击行为，如把孩子关在房间里，让他思过、反省。如果把这种方法与鼓励亲善行为的方法配合使用，效果会更好。

（6）引导孩子进行移情换位。心理学研究表明，攻击者在看到受害者明显痛苦时，往往会停止攻击。然而，攻击性很强的人则不然，他们会继续攻击受害者。这是因为他们缺乏移情技能，不会同情受害者。家长应从小培养孩子的移情能力，告诉孩子，攻击行为会给别人带来痛苦，导致严重后果。再让孩子换个位置想想，如果自己是受害者，那么，自己将会有怎样的感觉和心情呢？让孩子从本质上消除攻击行为，这是一种很好的方法。

（7）家长以身作则，做孩子的表率。家长必须注意自身修养，不要因为某些事情不顺心而在孩子面前毫无顾忌地攻击别人。夫妻之间要避免争吵打骂，为孩子树立良好的榜样。在孩子出现攻击行为时，不要使用训斥、隔离等手段来矫正，这样容易造成孩子与家长的对立，从而引发更多的攻击性行为。

（8）家长应该与孩子建立良好的亲子关系。这种良好关系可以强化孩子好的行为，家长爱抚亲吻的动作、关切的表情和温和的语气都会向孩子传递爱的信息，促进亲子之间的情感联系。同时，家长应该积极关注孩子，家长不但要关心孩子的吃穿、健康，还要关注孩子的认知、情感、人格、行为等方面的表现。

21. 如何让孩子性格外向

中考生家长：不知道为什么，最近发现孩子性格比较内向，跟我们父母性格完全不一样，孩子喜欢独来独往，我们很担心这种性格会对他中考和前途有影响，有什么好的办法解决？

案例分析

在中学做心理辅导，很多学生向我咨询一个问题，就是如何让自己性格变得外向一些，性格外向，确实有很多好处，表现在以下几个方面：

（1）人际关系好。性格外向的人喜欢交往，他们在给别人带来快乐的同时，自己也收获了快乐，因此，这样的人生活充满了生机，善于与人沟通，人际关系不错。

（2）心态更积极。性格外向的人心情总是愉快的，他们善于调节情绪，有了烦恼，喜欢找人倾诉，苦闷的心境在心中停留的时间总是不长，他们的心态总是积极的，对生活、对明天、对朋友都是积极的。

（3）外向的人更容易形成积极的性格品质。外向的人乐于助人，喜欢交往、交流，具有爱心，这能形成他开朗、宽容、博爱、合作、与人友好的个性品质。

在生活中，由于各种原因，还有一些人性格内向，甚至孤僻，他们不善于交流，喜欢独处，没有朋友，时常被孤独、寂寞所笼罩，但他们内心又渴望摆脱这样的局面。

金钥匙

（1）提升自信心。内向孤僻的人一般都比较自卑，自卑的人不喜欢主动与人进行交流，他们总是喜欢被动地接受，久而久之，周围的人就会疏远他们。

自信的人则不然，他们乐观开朗，不但自己能感受快乐，而且也喜欢传递快乐，把自己的快乐带给大家。因此，大多数人都喜欢与开朗自信的人交往，而疏远内向孤僻的人。

（2）改变为人处世的消极态度。内向的人往往存在一些消极的品质，如自私、心胸狭窄、固执、自以为是、嫉妒等。本来外向和内向无好坏之分，只是内向者心中隐藏着很多消极的品质，如果一个人能克服这些弱点和不足，内向的人也是受人欢迎的。同时，他们的内向会因为这些消极因素的克服，而开始变得外向。

（3）改变认知。要相信交往是快乐的，人是需要爱和被爱的，生活是美好的，人心是善良的。很多孤僻的人存在童年阴影，他们总喜欢用阴暗的目光打量这个世界，与人交往总是提防别人，没有沟通的积极性。改变认知，能消除交往障碍，轻装上阵投入生活、学习和工作中。

（4）培养爱心。每个人都渴望被爱、被关心，那么内向的人首先就应该奉献爱，主动去关心别人。如果一个人经常这样做，他就会越来越自信、开朗，感到被尊重、被需要，因此，他们就会感到生活是美好的。

22. 如何帮助孩子克服依赖心理

中考生家长：孩子的依赖性太强了，学习上也是这样，遇到不会做的题目，就找我们，哪一科成绩不好，就要我们给他找家教等。孩子还说，中考考不好，要我们去“走后门”，让他上重点中学，我们知道孩子这些行为和思想不好，但是，不知道如何去教育和帮助他改变?

案例分析

现在大部分学生都是独生子女，优越、舒适的学习和生活环境，在给他们带来便利的同时，也产生了副作用，如学生的依赖心理就是这样。

学生的依赖心理主要表现为缺乏信心，总认为自己难以独立，时常企求父母和老师的帮助，处事优柔寡断，遇事希望别人为自己做决定。在学校里，喜欢让老师和同学给予指导和帮助，并时时提出新的要求；在家里，一切听从父母安排，毫无自己的主张和见解。

学生的依赖心理如果得不到及时纠正，任其发展下去，在个性上有可能形成依赖型人格障碍。这样的人今后很难立足于社会，又由于他们难以忍受挫折和失败，往往会导致心理疾病的发生，最终被社会所淘汰。因此，辅导学生克服依赖心理是很有必要的。

金钥匙

（1）要充分认识到依赖心理的危害。要纠正平时养成的习惯，提高自己的动手能力，多向独立性强的同学学习，不要什么事情都指望别人，遇到问题要做出自己的选择和判断，加强自主性和创造性。学会独立思考问题，独立的人格要求独立的思维能力。

（2）家长思想要转变。家长千万不要以孩子小、关心孩子等为借口，什么事都替孩子做，这样只会让孩子的依赖性越来越强，这不是爱孩子，而是剥夺了孩子成长的权利，是害了孩子。

（3）家长要放手。根据孩子的年龄大小，家长要让孩子自己尝试做自己的事，可以从日常生活做起。例如，让孩子自己整理书桌、书包，准备每天的学习用品，整理自己的房间，自己洗自己的内衣、袜子等。家长只要抽时间不定期检查就行。开始的时候可能不习惯，孩子也可能做不好，不要紧，家长要鼓励孩子，慢慢会做好的。

（4）遇到问题，父母要鼓励孩子有自己的见解。对孩子过度专制的家长总是一味否定孩子的思想，时间一长，孩子就容易形成依赖父母的思维模式。这种教育方式剥夺了孩子独立思考、独立行动的能力和增长经验的机会，也妨碍了孩子独立性的发展。

（5）要在生活中树立行动的勇气，恢复自信心。自己能做的事一定要自己做，自己没做过的事要尝试去做，正确地评价自己。

（6）丰富孩子的生活内容，培养独立的生活能力。鼓励孩子在学校主动担任班级工作，以增强主人翁的意识，从而有机会去面对问题，能够独立地拿主意，想办法，增强孩子独立的信心。在家里，让孩子自己的事情自己做，如洗衣、洗碗、打扫卫生等，不要什么事都父母包办。鼓励孩子多参加集体活动，学会帮助他人。

（7）要注意策略，反话正说。例如："我的孩子最近越来越能干了，学习越来越主动，还是我们的好帮手，真是好孩子。"家长切记，千万不要用别人孩子的优点和自己孩子的不足比较。而是要从孩子不足的反面强化孩子，每个孩子都是要求上进的，关键是家长要多鼓励孩子。

（8）培养孩子生活学习的计划性，培养孩子良好的习惯。家长要帮助孩子养成自觉独立完成作业及先写作业后玩耍的习惯。家长要多动脑，从和孩子制订详细的作息计划入手，让孩子知道什么时间做什么事，家长还要多鼓励孩子，有一点进步都要表扬，让孩子有成就感。切忌心急，好习惯的培养也需要时间。

23. 如何帮助孩子克服怯懦心理

中考生家长：我的孩子性格比较怯懦，总是不敢表达自己的意见，如上课不敢举手发言，受到同学欺负，不敢表达，就是班上女生跟他说话，他都不敢正眼看人家，家长看在眼里，急在心里，对这样的孩子应该如何教育？

案例分析

心理咨询中接待了很多怯懦的中学生，还有相当一部分是通过信件、电话或由家长代劳与我们联系，咨询的心情很迫切。

具有怯懦倾向的中学生，他们胆小怕事，意志薄弱，关键时刻退缩，进取精神差，不敢面对困难和压力，害怕挫折和失败，更害怕别人的轻视和讥笑。

孩子怯懦心理产生的原因一般有以下几种：

（1）自我意识不成熟。由于自我独立意识比较差，有些青少年对自己的认识或评价很大程度上依赖于成人，尤其是教师。

（2）过分忧虑。过分忧虑的青少年，也会表现出怯懦的特征。

忧虑是指人对自身的生活、学习、工作等问题缺乏深刻的认识和坚定的信念，以至于在较长时期内总是忧心忡忡、情绪低落。

（3）害羞心理。害羞是一个人自我防御心理过强的结果，常常过于胆小怕事，过于谨小慎微，过于关注自己，自信心不足。他们特别注意自己在别人心目中的形象，总觉得自己时时处在众目睽睽之下，一句话要反复多次才说得出口，一件事总要左思右想，因此神经紧张，坐立不安。

（4）自卑心理。对自己身体方面的素质不满意，如与别人比较时，觉得自己在身高、长相、体态、肤色以及成绩等方面不如别人而导致自卑。身体虚弱的青少年，也常常容易产生自卑感。由于身体不好，他们很少积极地到户外参加体育活动，面对其他孩子的强壮常会自惭形秽，产生强烈的自卑感。

（5）早期不愉快的生活经历。有些青少年在童年时，由于父母离异、搬迁、亲人去世、转换学校、伙伴的伤害等种种不愉快的经历，使他们在面对一个个令他们困惑的新情境时，感觉失去来自外界的鼓励和支持，从而变得越来越畏缩、逃避，没有勇气和陌生人交往。

（6）不健康的家庭环境。如家庭不健全、教育方式不合理。那些在家里受到过度保护和溺爱的孩子容易成为“怯懦胆小的青少年”；家长对孩子生活限制过多，交往限制过多，管教过于严格。

（7）学校因素。在学校中，学习紧张和人际关系不和谐，也会使青少年怀疑自己的能力而变得怯懦胆小。

（8）生理原因。进入青春期，身体发育逐步成熟，总会有意无意地注意周围的异性，同时也感到异性对自己有一种无形的吸引力。其实这是一种正常的心理和生理现象，但由于缺乏这方面的科学知识，便迷迷糊糊，不知所措，在心理上留下忧虑和怯懦的阴影。

怯懦影响学生的人际沟通和人际关系，长期处于封闭状态，很容易导致心理疾病的产生。同时，怯懦不利于学生人格健康向上发展，今后也难以适应社会需要。因此，帮助孩子克服怯懦是很必要的。

金钥匙

（1）理解孩子的感受。怯懦青少年的一个共同特征是比较敏感，容易受伤，所以，他们需要老师和家长更多的关爱。我们要以真挚的感情对待他们，避免在公共场合批评他们，给他们提供足够的安全感，鼓励他们表达自己的感受。

（2）建立对孩子的信任。如果孩子的怯懦来自“畏人症”，我们就应该消除孩子对他人的恐惧感，建立孩子对别人的信任。充分信任孩子，并让他们感受到来自老师和家长的这种信任。孩子越是被信任就越能信任别人。信任是亲近的基础，让孩子从信任老师、亲近老师开始，转变对别人的畏惧态度。

（3）做最好的听众。有的孩子其实特别想说话，想表述自己的意见，可是由于表达能力有限，有时免不了会被人打断或取笑，时间久了，他们就会回避谈话类活动和人多的场合。这样的孩子有时会在不被人注意时自言自语。因此，老师应耐心倾听其发言，做最好的听众，让孩子能够在老师的专心倾听下，消除恐惧心理，顺畅地表达自己的想法。

（4）树立孩子的自信心。要善于发现孩子的闪光点，激励孩子树立自信。即使最胆小怯懦的孩子，偶尔也会有大胆的举动，也会做得很好。也许在常人看来这微不足道，家长和老师须努力捕捉这些稍纵即逝的闪光点，给予必要的乃至夸大的表扬鼓励。不要对孩子有过高的期望值，要以发展的眼光看待他们，肯定他们的点滴进步，以此来改变他们的怯懦行为习惯。用肯定性言语和鼓励性言语促进孩子树立自信。强化自信的方法很多，抓住契机进行正面引导尤为重要。孩子如果能经常得到老师的肯定和表扬，会激发他们的热情，信心百倍，情不自禁地向前努力，同时也能满足其潜在的争强好胜的欲望，增强其自觉学习的主观能动性。让孩子做力所能及的事情，也可增强他们的自信心。

（5）家长要减少或停止对孩子的一切干涉，培养孩子独立思考、独立解决问题的能力。同时，家长要养成耐心听取孩子意见的习惯。如果父母中的一方突然对孩子发脾气，或因情绪不好拿孩子出气，那么父母应共同找出原因，努力避免类似事情再度发生。

家长有目的、有意识地让孩子多接触人，让他们办一些简单的事，如客人来了，可让孩子给客人倒茶，家中缺少一些小商品，可让孩子自己去商场购买。

（6）加强对孩子的意志力锻炼。越是困难的事，越要鼓励孩子勇于承担，鼓励孩子要咬紧牙关，强迫自己深入进去。随着时间的推移，会由开始的生疏到后来的熟练，由开始的紧张到后来的轻松，慢慢体验自己的力量，增强自信心和勇气。

（7）拓展交往的经验。应当特别关注他们这方面的需要，鼓励他们参加学校、班级以及小组的各种活动，让他们学习如何与别人交往。拓展孩子交往经验的方法非常多，在学校生活、班级生活中无处不在，无时不有，但要避免一些优胜劣汰的高度竞争活动。

24. 如何帮助孩子克服偏激心理

中考生家长：我的孩子读九年级，与人争论问题时，从不相让，有时明知错了，还硬说绝对没错，平时看问题也很绝对，一好百好，一坏百差，以偏概全，脑筋从不转弯。这样的孩子，该如何去改变他?

案例分析

偏激是指人的意见、主张等过火。偏激在青少年中存在较多。

（1）偏激的表现。

认识上的片面性。偏激在认识上的表现是看问题绝对，片面性很大。例如，有的学生一次考试考好了，就以为自己什么都好，扬扬自得，容易产生骄傲情绪。而有时一次考试不理想，就消沉到底，一蹶不振，认为自己什么都不行。

情绪上的冲动性。偏激在情绪上的表现是按照个人的好恶和一时的心血来潮去论人论事，缺乏理性的态度和客观的标准，易受他人的暗示和引诱。如果对某人产生了好感，就认为他一切都好，明明知道是错误、是缺点，也不愿意承认。

行为上的莽撞性。偏激在行动上的表现是莽撞从事，不顾后果。中学生往往认为友谊就是讲义气。当他们的朋友受到别人欺侮时，他们往往二话不说，马上就站出来帮朋友打架，把蛮干、鲁莽当成英雄行为。

（2）偏激的成因。

知识经验不足，辩证思维的发展尚不成熟，不善于一分为二地看问题，往往抓住一点就无限地夸大或缩小，自以为看到了事物的全部，极易出现以偏概全的失真判断，导致错误的结论。

中学生正值青春期，内分泌功能迅速发展，大脑皮层及皮层下中枢的兴奋度经常迅速地增强或减弱，从而形成情绪的波动不安，出现偏激认识和冲动行为。

金钥匙

（1）丰富知识经验，培养辩证思维能力。帮助孩子拓宽兴趣范围，掌握基本的思维方法，引导孩子全面、灵活、完整地评价事物，冷静、客观地看待问题。

（2）加强意志力的锻炼。使孩子明确行为的主要目标，严格规范自己的行为，“当行则行，当止则止”，提高自我控制能力。

从小事做起，从今天做起，逐步磨炼意志。高尔基说：“哪怕是对自己的一点小小的克制也会使人变得强而有力。”一味地放纵自己，原谅、迁就自己，只能使自己在错误、缺陷、恶习的斜坡上越滑越远，最终不能自拔。

坚持参加体育锻炼，在严寒酷暑中经受磨炼，培养勇敢、顽强、坚忍、机智、果断、团结、互助等良好的意志品质，有效地增强自控能力。

（3）培养理智情绪，头脑里要多一些辩证观点。具有偏激型心理的人喜欢走极端，这与其头脑中的非理性观念相关联。因此，要改变偏激行为，首先要改变人的非理性观念，建立新的理性观念。例如，“某某欺骗了我，世上没好人，我只能相信自己。”“某某给了我一支铅笔，他是世界上最好的人。”“对别人的进攻，我必须强烈反击，要让他知道我比他更强。”找出这些想法以后，要及时进行分析，改造不合理观念：“某某骗了人，是不好，但关心你、爱护你的人还很多，你周围还有很多诚实守信的人。”“某某帮助了你，确实很好，但任何人都有自己的优缺点，只有辩证地看才能交到真心的朋友。”“对别人的进攻，马上反击未必是上策，首先必须辨别是否真的受到了攻击”等。教育孩子无论是做人还是处事，头脑里都应当多一些辩证观点。死守一隅，坐井观天，把自己的偏见当成真理至死不悟，这是做人处事的大忌。只有掌握正确的思想观点和思维方法，辩证地看问题，才能有效地克服这种“一叶障目，不见泰山”的偏激心理。

（4）自我暗示。指导孩子用语言如“我的话可能过头，我应该冷静地思考”以暗示自己，克服偏激行为和意见。

（5）告诉孩子只有尊重别人，才能得到别人的尊重。要对那些帮助过自己的人真诚致谢，而不要不疼不痒地说一声“谢谢”，更不能不理不睬。

（6）教育孩子要学会向认识的所有人微笑。可能开始时他会很不习惯，做得不自然，但家长必须要求孩子试着去做，而且努力去做好。

（7）教育孩子在生活中学会忍让和有耐心。生活在复杂的大千世界中，冲突和摩擦是难免的，这时必须忍让和克制，不能让敌对的怒火烧得自己晕头转向。只要有信心、有耐心，不断改造内心的不理智观念，偏激就能得到有效的控制。

25. 如何帮助孩子克服狭隘心理

中考生家长：我的孩子学习不错，但是个性方面问题比较多，如喜欢非议别人，经常说别人的坏话，与同学发生矛盾，总是难以原谅别人，他喜欢借别人的东西，但是自己的东西就不爱借给别人，孩子就是十分自私和狭隘，我们给孩子指出了他的缺点，但是，孩子就是改不了，这样的孩子，该如何正确地教育他?

案例分析

（1）狭隘的表现。

思想狭隘。遇到一点委屈或很小的得失便斤斤计较、耿耿于怀。有的学生听到老师或家长一两句批评的话就接受不了，甚至痛哭流涕，有的学生对学习、生活中一点小小的失误就认为是莫大的失败、挫折，长时间寝食不安。这些情况在女学生中比较多见。

行为狭隘。人际交往面窄，追求少数朋友间的“哥们义气”，只同与自己意见一致或不超过自己的人交往，容不下那些与自己意见有分歧或比自己强的人。这些情况在男生中表现突出。

（2）狭隘的成因。

家庭因素。狭隘的产生与家庭中不良因素的影响有很大关系。父母狭隘的心胸，为人处世的方法，不良的生活习惯等对子女有潜移默化的影响。有些子女狭隘的性格完全是父母性格的翻版。另外，优越的生活环境、溺爱的教育方法往往易导致子女任性、骄傲、利己主义等，自然受点委屈便耿耿于怀，对“异己”分子不肯容纳与接受。

认识水平。中学生阅历浅、经验少，遇到问题，容易把事情想得过于困难、复杂，加之对自己的能力估计不足，对事情感到无能为力，因此容易紧张、焦虑，放心不下。

金钥匙

（1）开阔孩子视野。狭隘的人，不仅生活在一个狭窄的圈子里，而且他的知识面也非常狭窄。因此，开阔学生的视野很重要。如老师和家长多让学生参加一些社会公益活动，参观一些伟人、名人纪念馆，听英雄人物事迹报告会等。这能使学生在亲身经历中顿悟很多人生道理。

（2）多与人接触，善于宽容他人。狭隘的人，其心胸、气量、见识等都局限在一个狭小的范围内，不宽广、不宏大。多与人接触，使学生对不同的人有不同的认识，从而积累经验，他们会从中明白许多道理。善于宽容他人，是人的一种美德。对任何事都斤斤计较，一定是一个狭隘的人。受情绪、认识等的影响，他们会产生一些盲动的行为，甚至会导致难以预料的后果。因此，善于宽容他人的人，会避免很多不良后果的发生。

（3）加强人生观的教育。一个人活在世上，就要充分地挖掘生命的潜能，为社会做贡献，给别人、给后人留下有价值的东西。一旦把眼光放在大事上，自己一时的得与失便算不上什么，对整体、全局有利的人与事就都能容纳与接受，使眼光从狭隘的个人圈子里移开。抛开“自我中心”，就不会遇事斤斤计较，“心底无私”才能“天地宽”。

（4）培养集体主义精神和高尚的情感，指导学生进行正当的人际交往。与人相处应热情、直率，善于团结互助，融“小我”于

“大我”之中。交往的增多，可加深彼此了解与沟通，更透彻地了解别人与自己，开阔心胸。

（5）丰富课余文化生活，组织多种多样的文娱、体育活动，拓宽兴趣范围，使学生时刻感受到生活、学习中的新鲜刺激，感受到生活的美好，陶冶性情，从而在健康向上的氛围中增强精神寄托，消除心理压力。

26. 如何帮助孩子克服孤僻心理

中考生家长：我的孩子不合群，在学校里，凡是集体活动，她都没有兴趣，宁愿一个人独自玩耍；班级中轮到值日，她总是借故请假，对集体的工作不热心；在学校的各类评比检查中班级获得了荣誉，同学们兴奋不已，她却显得很冷淡；同学之间相处时，她也总是独来独往，和同学难得讲上一句话。孩子的这种孤僻心理，该如何改变?

案例分析

随着社会竞争的日益激烈，各种矛盾日益突出，现在孤僻的学生有越来越多的趋势。孤僻对学生今后成才、就业的不利影响十分明显，因此，帮助学生克服孤僻是很重要的。

（1）孤僻的表现。

孤僻多见于内向型的学生，主要表现在不愿与他人接触，对周围的人常有厌烦、鄙视和戒备的心理。具有这种个性缺陷的人猜疑心较强，容易神经过敏，办事喜欢独来独往，但也免不了为孤独、寂寞和空虚所困扰。因此，孤僻对中学生的身心健康十分有害。

孤僻的人缺乏同学、朋友之间的欢乐与友谊，交往需要得不到满足，内心很苦闷、压抑、沮丧，感受不到人世间的温暖，看不到生活的美好，容易消沉、颓废、不合群，缺乏群体的支持，整天提心吊胆地过日子，忧心忡忡，易出现恐惧心理。被这种消极情绪长期困扰，也会损伤身体。

（2）孤僻的成因。

小时候的创伤经历。研究表明，父母离婚是威胁孩子精神健康的重要因素之一。孩子过早地接受了烦恼、忧虑、焦虑不安的不良体验，会使他们产生消极的心境甚至诱发心理疾病。缺乏母爱或过于严厉、粗暴的教育方式，子女得不到家庭的温暖，会变得畏畏缩缩、自卑冷漠，不相信任何人，最终形成孤僻的性格。

交往中的挫折。在人际交往中受过挫折的人，由于“一朝被蛇咬，十年怕井绳”，往往不愿和别人交往。

金钥匙

（1）端正认识。一方面，要正确认识孤僻的危害，敞开闭锁的心扉，追求人生的乐趣，摆脱孤僻的缠绕；另一方面，要正确地认识别人和自己。孤僻者一般都没能正确地认识自己。有的自恃比别人强，总想着自己的优点和长处，只看到别人的缺点和短处，自命不凡，认为不值得和别人交往；有的倾向于自卑，总认为自己不如别人，交往中怕被别人讥讽、嘲笑、拒绝，从而把自己紧紧地包裹起来，保护着脆弱的自尊心。这两种人都需要正确地认识他人和自己，多与他人交流思想，沟通感情，享受朋友间的友谊与温暖。

（2）优化性格。多参加正当、良好的人际交往活动，在活动中逐步培养学生开朗的性格。鼓励学生要敢于与别人交往，虚心听取别人的意见，同时要有与任何人成为朋友的愿望。这样，在每一次交往中都会有所收获，丰富知识经验，纠正认识上的偏差，获得了友谊，愉悦了身心。长此以往，孤僻者就会喜欢交往，喜欢结群，从而变得随和。

（3）重新审视自我。指导学生在一张纸的左面列出自己的优点和强项，右面列出弱点和不足，不假思索地尽情罗列，然后再归类整理。引导学生发现自己原来有这么多平时没有留意过的长处，而且优点的数量也远远超过了缺点的数量。

（4）培养某方面的兴趣。引导学生在自己的优点、专长、兴趣中，找一样（刚刚开始时，一样就够了）来加以特别培养、发展，使之成为自己的专长。有了专长，就有机会做主角，做主角，自然会神采飞扬。

（5）试着去帮助别人，从中体验乐趣。不良性格的人，往往以自我为中心，他们对人冷漠，一般不喜欢人际交往，生活在自我的小天地里。要想改变这样性格的学生，平常可以引导其主动去帮助别人，同样，别人也会主动帮助你。在这种帮助中，体现了自身价值，心情改善了，对人的看法和态度也会随之改变，从而有利于性格的改善。

27. 如何帮助孩子克服敌对心理

中考生家长：我的孩子总是喜欢和家长对着干，你让他干什么，他偏偏不干什么，甚至这种行为越来越不可收拾，与同学发生误会，他依然不依不饶，还与同学打架，就连坐车也嫌别人碰到他了，要吵架。快中考了，不能再玩手机了，孩子爸把他手机拿走了，他却说，等长大了，有出息了，要报复爸爸，烦心的事还不止这些，请问，该如何教育有敌对心理的孩子?

案例分析

（1）敌对的表现。

敌对是在个人遭受挫折引起强烈不满时表现出的一种敌视对抗态度，是一种消极的个性品质。

有敌对倾向的学生，软硬不吃，好坏不听，甚至把别人对他的赞扬看成是冷嘲热讽，把老师、同学对他的善意批评看作是恶意的挖苦，轻则置若罔闻，重则报复、破坏。他们经常在班级搞一些恶作剧，有的甚至以戏弄或殴打他人为乐。

（2）敌对的成因。

不良的家庭、学校教育方式。有的家长将子女看成自己的私有财产，动辄斥责、打骂，有时打完、骂完孩子，孩子还不知道错在哪儿。有时，孩子知道自己错了，也接受不了父母过于粗暴的态度。有的老师对学生的态度不同，对一些能力低、成绩差的学生抱有偏见，受到不公正待遇的学生，其自尊心受到挫伤。由于这些学生接受不了家长和老师的态度，心里有气没处发泄，于是便以消极抵抗的态度来发泄内心的不满，产生敌对情绪。

中学生心理发展的特点。中学生的心理发展正处于突变期，内心矛盾很多。他们的成人感和独立意识增强，不想事事依赖成人，而要求独立行动，但本身的条件又没有达到成人水平，思维简单、片面，情感动摇不定，意志缺乏自制。这些又不足以让老师和家长把他们当作成人看待。主客观的矛盾造成了畸形的后果，似乎只有反抗、敌对才足以显示他们的独立和坚强。

金钥匙

（1）重视孩子的自我教育，帮助他们正确认识自己的敌对心理。青少年之所以容易产生敌对心理，主要是由于进入青春期，他们的生理和心理矛盾冲突急剧发展，他们的认知能力跟不上独立意识的发展，他们的思维有很大的片面性和表面性。这是敌对心理产生的内因，是根本原因。因此，必须帮助青少年了解他们处于特殊阶段的心理特征，充分认识敌对心理的实质和后果，加强心理健康教育。

（2）加强孩子世界观、人生观和价值观的培养。社会生活中种种不健康的思想、情感和行为，严重毒害青少年的心灵。因此，应加强对青少年的教育，帮助他们树立正确的世界观、人生观和价值观，增强其认识真、善、美的能力，自觉抵制社会生活中的种种不良影响和诱惑，并认清网络文化、虚拟文化中的消极因素，不受其侵蚀。

（3）营造民主平等的家庭氛围。注重家庭疏导，营造和谐的家庭氛围。家庭是爱的港湾，孩子的心理是否健康与家庭有密切联系。家长要给予孩子必要的宽容和理解，设身处地地多替孩子着想，要尽量站在孩子的角度，用孩子的思维去思考问题，如遇到分歧，要多自省，将心比心。家长要给孩子足够的发展空间，充分信任他们，切莫把自己的兴趣和爱好强加给孩子。对于子女所犯的错误，要及时与他们沟通，了解其原因，分析利弊，因势利导，而不能采用打、骂的方法。因为犯错的孩子在其心理上可能已很内疚、自责，需要安慰和帮助，而家长的痛骂和毒打可能使孩子走向反面，产生敌对心理。

（4）家长要多关心孩子，理解孩子。孩子渴望亲情和关爱，缺乏家庭温暖的孩子往往得不到这些，他们经常生活在一个无人关心，甚至遭受歧视的环境里，这很容易使他们产生敌对心理。因此，家长和老师都要关心、爱护学生。有的父母虽然离了婚，但双方都有责任和义务去关心孩子，因为孩子这时更需要关怀。

中学生正处于青春期，他们有很多行为和思想是父母无法理解的。因此作为父母，应该多看看青少年心理方面的书籍，以理解的态度去面对孩子，这往往是克服孩子敌对态度的法宝。

（5）家长教育孩子，要以正强化为主，即以表扬、激励为主，尽量少用和不用批评、斥责，甚至挖苦孩子的方法。

（6）帮助孩子努力搞好学习和人际关系，力争得到同学和老师的信任。

（7）引导孩子对于想不通和有异议的问题，向自己信赖的人咨询，听听他们的意见，然后再做出决定。

28. 如何帮助孩子克服自负心理

中考生家长：我的孩子成绩虽然不错，但是，她的性格很令我们担忧，就是孩子很自负，她从小就是个要强、拔尖的孩子，干什么都要赢别人，都要得到别人的表扬才行，得不到的话，就会大哭大闹来表示不满。但是上初中后，孩子的问题越来越严重，让我们感到不安，如上课回答问题、做作业不可能保证一点错不出，偶尔还会因为马虎、不认真被老师批评，这是孩子接受不了的，她每次都会发一通脾气，弄得老师一点儿办法也没有。和同学一起，她也总是认为只有自己的观点最对，方法最好，对同学们说的话不以为然，也看不起别人，而一旦事实证明她错了，她就会找各种借口为自己的错误和失败解释，永远不承认自己错了。当然，她心里也不舒服，于是就回家和我们吵架，在父母故意的谦让和回避中找回心理平衡。我想问的是，该如何教育和帮助孩子克服这种自负的心理?

案例分析

自负就是自以为了不起，自负的中学生依然有一定的比例。自负不利于中学生的健康成长和人格发展，帮助中学生克服自负是很有必要的。

（1）自负的表现。

很少关心别人，与他人关系疏远。这种人时时事事都从自己的利益出发，从不顾及别人，不求于人时，对人没有丝毫热情，似乎人人都应为他服务，结果落得个门庭冷落。

固执己见，唯我独尊。这种人总是将自己的观点强加于人，在明知别人正确时，也不愿意改变自己的态度或接受别人的观点。

过度防卫，有明显的嫉妒心。这种人有很强的自尊心，任何事都不希望或不愿意别人在其之上，对别人的成绩、成功非常嫉妒，对别人的失败幸灾乐祸，不向别人提供任何有益的信息。同时，在别人成功时，这种人常用“酸葡萄心理”来维持自己的心理平衡。

（2）自负的成因。

认识上的原因。如果说自夸者夸大了自己的短处，缩小了自己的长处，那么自负者则是缩小了自己的短处，夸大了自己的长处。自负者同样缺乏自知之明，同时又把自己的长处看得十分突出，对自己的能力和学识评价过高，对别人的能力和学识评价过低，自然产生自负心理。

情感上的原因。一些人的自尊心特别强烈，为了保护自尊心，常常会产生两种既相反又相通的自我保护心理：一种是自卑心理，通过自我隔绝，避免自尊心进一步受损；另一种就是自负心理，通过自我放大，获得自卑不足的补偿。例如，一些家庭经济条件不好的学生，生怕被经济条件优越的同学看不起，会装出清高的样子，表面上做出看不起这些同学的样子。这种自负心理是自尊心过分的表现。

金钥匙

（1）要善于接受批评。有自负心理的青少年最不愿意改变自己的态度或接受别人的意见，可以引导其在做事时征求其他人的意见和看法，这样通过别人的友好提醒，改变过去固执己见、唯我独尊的心理。

（2）谦虚是良好的传统美德。有自负心理的青少年要用一颗谦虚的心与别人建立友好的人际关系，这是个人自觉成长的开始。可以有豪气万丈，但绝不能有半分自负心理。让其明白就算你有超人的才识，也要虚怀若谷。

（3）增强自我认识。青少年要全面地认识到自己的优点和缺点，不要拿自己的优点和别人的缺点相比较。在这个世界上，每个人都有自己的优势和不如别人的地方。所以，教育青少年要正视自己的优点和不足，尽快走出自负心理。

当孩子对家长的话半信半疑时，可鼓励孩子向其他自己尊敬的长辈询问自己为人处世的能力，从而真正认识到自己的不足，并改正。

（4）善待身边的每一个人。有自负心理的青少年一般都目空一切，总觉得自己是最优秀的，这是自恋的表现，对身心健康极其不利。要想彻底克服这种不好的心理，必须引导其做到心中有他人、处处为别人着想，尊老爱幼，善待身边的每个人，还要取他人所长补己之短，不断地充实、完善自己，努力克服自负。

青少年要以发展的眼光看待自负，既要看到自己的过去，又要看到自己的现在和将来，辉煌的过去只能代表你过去是个英雄，但它并不代表着现在，更不预示着将来。

（5）与人平等相处。自负者视自己为上帝，无论在观念上还是行动上都无理地要求别人服从自己。平等相处就是要求自负者以一个普通社会成员的身份与别人平等交往。

29. 如何帮助孩子克服猜疑心理

中考生家长：我的孩子是一个爱猜疑的人。有时候老师和同学不经意的一句话，就能让他难受好半天。有同学送他一件礼物，他也要怀疑别人是不是有其他动机等。请问，让孩子改掉猜疑的毛病，有什么好的方法吗?

案例分析

（1）猜疑的表现。

猜疑者整天疑心重重、无中生有，认为人人都不可信、不可交。例如，有的人见到几个同学背着他讲话，就会怀疑是在讲他的坏话；老师有时对他态度冷淡一些，他就会觉得老师对自己有了看法等，整天提心吊胆地学习、生活，内心总有解不开的疑惑，总有摆脱不了的矛盾，活得很累。这种人心有疑惑，不愿公开，也少交心，整天闷闷不乐、郁郁寡欢。由于自我封闭，阻隔了外界信息的输入和人间真情交流，便由怀疑别人发展到怀疑自己、怀疑自己的能力，失去信心，变得自卑、怯懦、消极、被动。

（2）猜疑的原因。

认知方式偏差。猜疑一般总是从某一假想目标开始，最后又回到假想目标，就像一个圆圈一样，越画越粗，越画越圆。最典型的例子就是“疑人偷斧”的寓言了。现实生活中猜疑心理的产生和发展，几乎都同这种封闭性思路主宰了正常思维密切相关。

对环境、对他人、对自己缺乏信任。疑神疑鬼的人，看似怀疑别人，实际上也是对自己有怀疑，至少是信心不足。有些人在某些方面自认为不如别人，因而总以为别人在议论自己，看不起自己，算计自己。一个人自信心越足，越容易信任别人，越不易产生猜疑心理。

创伤体验过深。有些人以前由于轻信别人，在交往中受过骗，蒙受了巨大的精神损失和感情挫折，结果万念俱灰，不再相信任何人。

长期自我封闭。不爱与同学交往，很少与外界往来的中学生，往往以自我为中心，他们不相信别人，总认为自己是对的，而且也看不到别人的优点和长处，由于没有参照物，当然也就看不到自己的缺点和不足。

金钥匙

（1）引导孩子进行积极的自我暗示。当自己正想猜疑和已陷入猜疑，这时可暗示自己，如老师、父母这样做是为了我好，同学们的行为是善意的，并无恶意，是我多虑了，我应该向他们表示感谢。

（2）进行思维转移。即当自己胡思乱想，瞎猜疑时，可转移思维去想其他美好的人和事物。

（3）坚持“责己严，待人宽”的原则。一方面，猜疑心重的人，大多对自己要求不高，对别人倒多少有些苛求。如果对别人的要求不那么高，就不会把别人的言行变化看得那么严重，许多无端猜疑就从根本上失去了产生的基础。另一方面，对别人的苛求往往也同对自己的迁就形影相随，倘若对自己要求很严格，就不会无端猜疑别人是否做了不利于自己的事，讲了不利于自己的话，决不会在心里疑神疑鬼，自寻烦恼。

（4）用理智力量克制冲动情绪的发生。告诫孩子当发现自己开始怀疑别人时，应当立即寻找产生怀疑的原因。现实生活中许多猜疑，戳穿了是很可笑的，但在戳穿之前，由于猜疑者的头脑被封闭性思路所主宰，就会觉得自己的猜疑顺理成章。此时，冷静思考显然是十分必要的。

（5）培养自信心。每个人都应当看到自己的长处，培养起自信心，相信自己能与周围的人处理好人际关系，会给别人留下良好的印象。这样，当我们充满信心地进行学习和生活时，就不用担心自己的行为，也不会随便怀疑别人是否会挑剔、为难自己。

（6）学会使用自我安慰法。一个人在生活中，遭到别人的非议和流言，与他人产生误会，没有什么值得大惊小怪的。如果觉得别人怀疑自己，应当安慰自己不必为别人的闲言碎语所困扰，不要在意别人的议论，这样不仅解脱了自己，而且还取得了一次小小的精神胜利，产生的怀疑自然就烟消云散了。

（7）及时沟通，解除疑惑。猜疑者生疑之后，冷静地思索是很重要的，但冷静思索后如果疑惑依然存在，那就该通过适当的方式，同被疑者进行推心置腹的交心。若是误会，可及时消除；若是看法不同，通过谈心，把各自的想法让对方所了解，也有好处；若真的证实了猜疑并非无端，那么，心平气和地讨论，也有可能使事情解决在冲突之前。

猜疑似一条无形的绳索，束缚了人的手脚，使人远离朋友，远离人群。为避免猜疑，交往中一要实事求是；二要在猜疑得到证实前予以“冻结”，不以怀疑为基础，进行“合理推论”。做到这两点，就能从猜疑的枷锁中解脱出来。

30. 如何帮助孩子克服害羞心理

中考生家长：我的孩子在与人交往时特别害羞，一说话就脸红。人多的时候，心里就更加紧张，不仅话都说不清楚，甚至做事也常常出错，孩子对自己越来越没信心了，我该怎么办？

案例分析

（1）害羞的表现。

害羞的人过多地约束自己的言行，不能充分表达自己的思想感情。一个人有害羞心理是正常的，只要不影响正常的交往就不过分。有些人的害羞是短时间的，如未成年的孩子，他们在来到一个陌生环境时，总免不了“老实”或“安静”一会儿，待混熟以后，便会与其他人像老朋友一样相处了。很多青年女子，在异性面前总是显出几分害羞的样子，低头不语，偶尔说几句话也面带羞涩，很招人喜爱。

如果一些人在任何时间、任何场合都有害羞心理，他们不愿与人交往，不敢与人交往，这就属于不良的个性表现，需要加以克服和改变。

（2）害羞的原因。

先天原因。有些人生来性格内向，气质属于黏液质、抑郁质类型，他们说话低声细语，见到生人就脸红，甚至常怀有一种胆怯的心理，举手投足、寻路问津也思前想后。

教育不当。有些家长对孩子的胆小不加引导，孩子见到生人或到了陌生的地方，便习惯性地害羞、躲避，没有自信心。孩子进入青春期后，自我意识逐渐加强，对于别人对自己的评价十分敏感，希望自己有一个“光辉形象”留在别人的心目中，为此，他们对自己的一言一行非常重视，唯恐出现差错。这种心理状态导致了他们在交往中生怕被人耻笑，因此表现得不自然、心跳加速、腼腆。久而久之，他们便羞于与人接触，羞于在公开场合讲话。对此，应给予正确指导，鼓励青少年大胆、真实、自然地表现自己。

缺乏自信。有些人总认为自己没有迷人的外表，没有过人的本领，是能力平平之辈，因此他们在交往中没有信心，患得患失。长期的谨小慎微不仅使他们体验不到成功的喜悦，而且使他们更加不相信自己的能力。这种低估自己的认知偏差常常是导致害羞最重要的原因。

挫折经历。据统计，约有1/4害羞的成人在儿时并不害羞，但是在长大后却变得害羞了。这可能与遭受过挫折有关。这种人以前开朗大方，交往积极主动，但由于复杂的主客观原因，屡屡受挫而变得胆怯畏缩、消极被动。

金钥匙

（1）丢下包袱，就是要抛弃一切顾虑，大胆前行，不要过多计较别人的评论。许多害羞者在行动前过于追求完美，担心失败，害怕别人的否定性评价，这样的自我否定和自我暗示肯定会影响能力的发挥。结果越担心、害怕，失败的可能性越大。

（2）树立自信。要让孩子看到自己的力量，不要只看到自己的短处。否定自己是对潜力的扼杀，是能力发挥的障碍。虽然我们不能盲目乐观，但起码要看到自己的长处。发现自己的闪光点，在以后的交往中就可以扬长避短。要鼓起勇气，敢于迈出第一步。万事开头难，当害羞者迈出可喜的第一步后，伴随着从未有过的成功体验和对自己的重新评价，便会开始相信自己的能力。如果有第二次、第三次的成功，害羞者就会对自己形成一个比较稳定的自我肯定模式，害羞心理就会悄无声息地消失。

挖掘孩子的特长，以使其在某个领域成为最优秀的。有很多青少年朋友因为孤陋寡闻、平庸无能，常常与别人无话可说，并且对自己的成就也不欣赏。如果其在某个领域掌握常人所没有的知识和技巧，就会因为自己的一技之长而增加自信心，从而结交更多的朋友克服羞怯心理。

（3）意念控制。每当到一个陌生场合，感到紧张、羞怯的时候，就暗示自己镇静下来，什么都不去想，把面前的陌生人当作自己的熟人一样。一个非常怕羞的人，当他在陌生场合勇敢地讲出第一句话以后，随之而来的就不再是羞怯，很可能会滔滔不绝。

（4）勇于和别人交往。锻炼孩子和经常见面但交流不多的人如邮递员、售货员等进行简单的交流，如打招呼等；与人交往，特别是与陌生人交往，要善于把紧张的情绪放松。使用一些平静、放松的语句进行自我暗示，常能起到缓解紧张情绪、减轻心理负担的作用。

在这个世界上有很多著名人物都曾有过羞怯心理，如美国前任总统卡特及他的夫人、英国的王子查尔斯、著名的女影星凯瑟琳·赫本等都曾坦率地承认自己曾经是一个十分怕羞的人。可是，经过他们有意识的训练，最终克服了羞怯心理，取得了令人瞩目的成功，最后都成了社交界的明星。所以，有羞怯心理的青少年，只要拥有坚定的信念，用持之以恒的态度，就能克服羞怯心理。也许他们并不能一夜间就完全克服羞怯心理，也许他们内心深处仍感到害羞。但是，只要他能够不断和人们沟通，努力锻炼自己，那么就能拥有自信与大方的笑容。

（5）要克服过分的自我心理，说话办事不必过分谨慎，唯恐自己的言行不对而被耻笑。要善于取长补短，即使自己说错了、做错了也没有关系，关键在于善于总结经验教训，不断完善提高。在与他人讨论和合作的过程中充分地学习和接受对方正确的意见或更合理的做法，经过多次的锻炼，自然就逐渐适应了，成熟了，说话办事就有力度了。

（6）在与人交谈时，学会适时地保持沉默，以“迫使”对方谈话，从而也让自己有一个酝酿的过程，讲话时尽量用一种从容不迫的语调表达自己的观点。

引导孩子先和亲朋好友接触，然后是老师、同学，再是陌生人，这也叫脱敏疗法，在此期间一定能得到鼓励和支持。

（7）积极参加集体活动。要让孩子明白同学们在一起你一言我一语，没有谁会注意你的表情，可以尽量地大声说话，上台唱歌表演挑选最熟悉的歌，在中间时间上场，就不会因最先或最后上场造成紧张的心理。

（8）训练孩子用幽默来处理反对的观点和意见，若出现尴尬的场面，不妨自嘲一下，表现出豁达的一面。

（9）增强体质。户外锻炼，是增强神经系统的最有效方法。性格内向、气质为黏液质或抑郁质的人，神经系统比较脆弱，容易兴奋，一点小事就会神经紧张。通过体育锻炼，增强了体质，过度的神经反应就会得到缓和，害羞程度就会自然而然地减轻。

31. 如何帮助孩子克服嫉妒心理

中考生家长：我的孩子嫉妒心很强，小时候就是这样的，例如，我夸别人家小孩时，她会很不开心，其实我并没有拿她和别人家的孩子对比；再如，有一次，我给姐姐家的小孩买生日礼物，她抱怨说，她的礼物没有表妹的好。现在上九年级了，她的嫉妒越来越出格，一次模考，她考了第二名，很不开心，也不服气，下课趁人不注意，她把考第一的同学的书包丢到垃圾桶里了，这样的事情还有很多，请问，该如何教育和引导孩子克服嫉妒心理？

案例分析

嫉妒是对他人的优越地位在心中产生的不愉快的情感，俗称“红眼病”。由于看到别人的长处，自己无力或不愿改变现状，于是就会对对方表示不满、愤恨，甚至加以损害。

（1）嫉妒心理的表现。

不承认别人的成绩和进步。别人明明成绩好，进步大，或某方面发展较快，却视而不见，不予承认。

贬低别人的成绩和进步。这与第一种表现常常伴随发生。贬低的方式，常见的是把别人的进步说成是偶然的、投机的。如说某位同学“死读书”“靠死记硬背才取得好分数”或者说他“运气好，题目给他猜中了”。有时候，以明褒暗贬的形式出现，话讲得很好听，而其中的味道却是酸溜溜的。

对成绩比自己好、进步比自己大的人表现出怨恨。嫉妒心发展下去，就会突破就事论事的范围，而对嫉妒对象的所有行为都表示怨恨。这时，嫉妒者的理智已经为嫉妒所主宰，造谣中伤、幸灾乐祸、挑拨离间、公开侮辱等极其错误的行为都可能发生，其后果是破坏性的。因此，必须引起我们的充分注意。

（2）嫉妒心理的危害。

嫉贤妒能，有碍于人际关系的和谐。憎恨或怨恨能干的人，必然在言行上有所表现，或耍态度，讽刺打击；或制造尴尬，疏远冷淡；或造谣中伤，诋毁对方。所有这些都会严重破坏同学间的友谊。

嫉妒心理有害于自己的身心健康。善嫉妒的人不仅在生活上是苦涩的，在精神上备受折磨，而且还给自己生理上造成危害，会加速衰老。嫉妒能造成人体内分泌紊乱，肠胃功能失调，心理上陷入苦闷，不能自拔。可见，嫉妒实质上是一种以自我为中心的病态心理。巴尔扎克说过："嫉妒者的痛苦比任何人的痛苦更大，他自己的不幸和别人的幸福都使他痛苦万分。"

（3）嫉妒心理的原因。

嫉妒的原因：一是缺乏自信，二是心胸狭隘。从起因上看，主要有因竞争受挫而产生的嫉妒心理；有因教师对他人的表扬而造成的嫉妒心理；有因自己容貌欠美、身材欠佳而对生理条件优越的同学产生的嫉妒心理；有因自己家境贫寒而对家庭社会、经济地位高的同学产生的嫉妒心理等。

金钥匙

（1）引导孩子冷静、客观、正确地认识自己。"金无足赤，人无完人"，每个人都有自己的长处，也有自己的不足，要善于取别人之长，补自己之短，摆正自己和别人的位置，进行心理"互换"，善于取别人之长尊重并理解他人。

（2）培养孩子豁达的人生态度，心胸开阔，要懂得"天外有天，人外有人"，"强中自有强中手"，这是客观规律。

（3）转移注意力，给自己一个不嫉妒的理由。当我们有很多事情要做时，我们就无暇去嫉妒别人。因此，积极参与各种有益的活动，努力学习，使自己真正充实起来，那么，嫉妒的毒素就不会滋生、蔓延。为了缓解自己的失败带来的心理上的不平衡感，可以找一些理由，使自己不再嫉妒别人。

（4）要让孩子看到自己的长处，化嫉妒为动力。一个人在嫉妒他人时，总是注意到他人的优点，而注意不到自己比他人强的地方。其实任何人都有不如他人的地方，当他人在某些方面超过我们时，我们可以有意识地想一想自己比对方强的地方，这样就会使自己失衡的心理天平重新恢复到平衡的状态。总之，对他人产生了嫉妒并不可怕，关键要看你能不能正视嫉妒。你不妨借嫉妒心理的强烈意识去奋发努力，升华这种嫉妒之情，把嫉妒转化为成功的动力，化消极为积极，超过别人。

（5）加强孩子理想和世界观教育。嫉妒不是一种孤立的心理活动，而是受理想、信念和世界观等因素制约的。嫉妒恰恰是偏离了正确方向的自尊心，是畸形的自尊心。它把自尊理解为凌驾于他人之上，自己只能超过他人，决不容忍他人超过自己。所以，有嫉妒心理的人是自私狭隘的。嫉妒心强的人只有逐步树立起崇高的生活目标和理想，树立正确的世界观，那种唯我独尊、显示自己、沽名钓誉的嫉妒心理才能从根本上得到清除，才能与他人和平共处，把他人的进步给自己带来的压力变为动力，推动自己发展、进步。

（6）教育孩子正确看待人生价值。这样，就能摆脱一切私心杂念，心胸开阔，不计较眼前得失，更不会花时间和精力去嫉妒他人的成功了。一个埋头于自己事业的人是无暇顾及他人的事的。俗语说“无事生非”，正出于此。一个人没有理想，胸无大志，无所事事，就会去挑他人的刺，寻他人的短，自己不思进取，却去阻碍他人前进，唯愿众人都平庸度过，相安无事。

（7）引导孩子与他人密切交往，加深理解。许多嫉妒心理是由误解产生的。嫉妒者误认为对方的优势会造成对自己的损害，从而耿耿于怀。所以要打开心扉，主动接近他人，加强心理沟通，避免发生误会，即使发生了也要及时妥善地消除。

（8）让孩子学会自我宣泄。建议孩子找知心朋友或亲人痛痛快快地把心里想法说出来，帮助孩子阻止嫉妒朝着更深的程度发展。另外，还可借助各种业余爱好来宣泄和疏导，如唱歌、跳舞、练书法、下棋等。

32. 如何培养孩子健康的兴趣爱好

中考生家长：每次看到别人家孩子书法获奖，钢琴获奖，或参加全市一个体育比赛，我很是羡慕，因为我的孩子几乎没有什么兴趣爱好，不是我们没有培养过他，记得小学的时候，送他去学毛笔书法，他只学了半个月，就以失败告终，再说学习，兴趣不是很大，成绩中等，回家只是看看电视，感觉再这样下去，很不利于孩子的健康成长，我想问的是，家长该如何帮助孩子培养兴趣爱好?

案例分析

兴趣是指一个人经常趋向于认识、掌握某种事物，力求参与某项活动，并且有积极情绪色彩的心理倾向。例如，对绘画感兴趣的人，就把注意力倾向于绘画，在言谈话语中也会表现出心驰神往的情绪。

（1）根据兴趣与需要的关系，可以分为物质兴趣和精神兴趣。

物质兴趣：指的是对衣、食、住、行的兴趣。这种兴趣鼓舞着人们去追求、创造美好的生活。但是超越自己的条件许可，对物质追求过分，就会使人放弃远大目标，走上歪路。因此，对物质的兴趣应有所克制。

精神兴趣：指的是对客观事物的认识，主动学习科学文化知识，努力进取的兴趣。精神兴趣有健康的，也有不健康的。不健康的兴趣是一种有害的兴趣，往往能导致人的堕落。

（2）根据是对实现满足需要的过程产生兴趣，还是对已经满足了的需要产生兴趣，又可分为直接兴趣和间接兴趣。

直接兴趣：是指对实现满足需要的过程中所做的事情本身引起的兴趣。如对体育活动、学习文化等认识、参与过程本身而产生的兴趣。

间接兴趣：是指对于事物的本身没什么兴趣，而对于这种事物的结果，即满足了需要而引起的兴趣。例如，一个学生对各种体育活动不感兴趣，但是当他意识到参加各种体育锻炼可以增强自己的体质，而且有利于精神饱满地学习，于是就积极地参加体育活动，因为他对健康的身体和学习文化知识有兴趣。

（3）人的兴趣在倾向性、广度、深度、稳定性和效能方面所表现出的不同的特点，叫作兴趣的品质。

爱好是指一个人在兴趣的引导下，经常参与某项活动并有积极的活动倾向。例如，一个人爱好篮球运动，那么他就会经常主动地参加这项活动，在活动时会精神振奋，情绪愉快，感到有乐趣，因而，表现既自觉又积极。

爱好是在兴趣的基础上产生的。例如，一个人对某项活动产生了兴趣，就会产生参与这种活动的动机，继而参与这项活动。在活动中他感到有趣，于是就产生了对这项活动的爱好。这一过程可以这样表示：兴趣→动机（行为）→兴趣 →爱好。

由于爱好是在兴趣的基础上产生的，所以，根据兴趣的基础，爱好又可分为物质爱好和精神爱好。

物质爱好是指为了满足机体生理需要而产生兴趣的活动倾向，如一个人对喝茶、喝酒的爱好等。物质爱好一般都是嗜好。嗜好是特殊的爱好。而绝大部分的嗜好都是不良的爱好，如抽烟、喝酒，女同志过分打扮等。

精神爱好是指为了满足精神生活而产生兴趣的活动倾向。精神爱好有健康的，也有不健康的。健康的精神爱好，如体育运动、文学创作等是我们所提倡的。而不健康的精神爱好，如看黄色书籍、赌博等是我们所反对的。

兴趣爱好可以开阔青少年的眼界，使之胸襟豁达，朝气蓬勃，个性得到充分发展，精神境界高尚。当一个青年人对生活有兴趣的时候，就会觉得生活丰富多彩，心情愉快。而一个没有生活兴趣的青少年往往精神空虚，烦闷苦恼，觉得生活乏味，就不可能热爱生活。

金钥匙

（1）家长不要心急。很多父母都对“别人家的孩子”赞不绝口，看着自己的孩子，好像什么都不会、不懂，就会比较心急。因而根据自己的喜好来为孩子“选择”兴趣爱好。这种行为的后果常常都使孩子半途而废，更有甚者，孩子会对父母的引导产生逆反心理。

（2）与孩子沟通。不要以为孩子小就为他决定任何事。其实正是因为孩子小，培养他的自主意识和责任感才会对他的成长产生良好的影响。询问孩子喜欢做什么，答应孩子可以让他去学什么，告诫孩子一旦选择了就不可以轻易言弃。通过一本正经的沟通，孩子会体会到什么是责任和担当，对自己的兴趣爱好也会更加长远地坚持。

（3）当孩子对某一方面有兴趣，如对书法、绘画、钢琴、写作有兴趣等，家长应为孩子提供帮助，如业余时间可让孩子参加这方面的学习班和购买一些这方面的学习资料及工具等。当然，老师和家长一定要让孩子明白兴趣爱好在不影响学习的前提下才能进行。如果孩子只顾兴趣爱好而不管学习，老师和家长应予以纠正。

（4）引导孩子。如果孩子对自己的兴趣爱好比较迷茫，抱着可有可无的态度。父母也可以从旁引导。虽然兴趣是很好的老师，但是在找不到兴趣的时候，成就感往往是激发兴趣的一种方法。看看孩子比较擅长做什么事，画画、背诗、下棋、舞蹈？鼓励孩子做那些他做得不错的事情，往往能够让孩子获得成就感，对事情也会越来越有兴趣，表现得越来越好。

（5）鼓励孩子。无论多有趣的事情，孩子活泼好动的天性注定他们不会坚持得太久。所以在找到孩子的兴趣爱好后，父母需要支持孩子的选择，同时不要给他太大的压力。当孩子想要放弃的时候，以鼓励的方式让他坚持。

（6）有很多孩子由于与外界接触少，以及一心一意地学习，因此，几乎没有任何兴趣爱好，而他们又可能在某些方面有天赋，所以，作为老师或者家长，应该给他们创造机会。如孩子对写作有兴趣，老师和家长可建议孩子给报社投稿，当孩子体会到中稿的喜悦时，兴趣也许就来了，当然，也可多带孩子参加一些活动，如运动比赛、艺术欣赏等，凡是可以激发孩子兴趣的活动，都可以尝试。

33. 孩子学习没有持久性怎么办

中考生家长：我的孩子有积极向上的愿望，也有未来的理想和目标设计，可她常常管不住自己，学习坚持不了多长时间就去玩，之后又很愧疚，浪费了太多的时间，她下决心要从此好好学习，写了计划书，可每次坚持两天就全盘放弃，别人说她“常立志，不如不立志”。请问，这样的孩子，家长应该如何教育和辅导？

案例分析

意志的坚持性指在行动中能以坚忍不拔的毅力克服种种困难而坚持到底。具有良好的坚持性品质的人能够在活动中持之以恒，在困难、艰苦的条件面前，不犹豫，不动摇，不停滞，一鼓作气，善始善终。坚持性在日常的学习、生活中非常重要，人们做点儿事并不难，难的是坚持不懈地做下去，“人贵有恒”说的就是这个道理。在日常生活中出现的虎头蛇尾现象，就是缺乏坚持性的表现。案例中的学生的坚持性很差。要想取得成功，没有坚持性是不行的，只有坚持到最后，才能取得最后的胜利。

金钥匙

（1）明确目标。一个人知道自己要干什么，这是发展坚忍毅力的第一步，也是克服困难最大的力量之一。确定具体的、可行的目标，目标是想要达到的境地或标准，它制约着行为的方向。对于学生来说，只有具体的、可行的目标，才有可能促使他们去为实现这一目标而坚持不懈。具体的目标，是指该做什么，怎样去做，目的和要求必须一清二楚。可行的目标，是指确定的目标要与孩子的年龄、经验、能力水平相适应，是经过自身的努力能够实现的，即目标不要定得太低或太高。当孩子完成一个目标后，成功的喜悦会强化他们的进取精神，激起他们确定下一个目标的热忱，从而养成不断进取的习惯。

（2）当孩子专心致志做事时，不要轻易打扰。精力集中是孩子很重要的一个能力，如果在他专心致志时总是叫他，那么孩子今后做事情的时候也会很容易受到外界事物的影响和干扰。

（3）在困难中锻炼。只有适当的、经努力可以克服的困难，才能成为培养毅力的手段。一旦困难过大，人无法克服时就容易悲观失望。这样也就会失去培养的意义，训练就会半途而废。

（4）制订正确的计划。周详、正确的计划，可鼓舞人们的斗志、培育坚忍的毅力，正确的计划来自经验或体验及认真的分析。若计划马虎、不认真、不切合实际，往往会破坏人的毅力。

（5）培养兴趣。兴趣与人的毅力有很密切的联系。例如，一个对书法有兴趣的人，他能克服很多困难，甚至是挫折，去积极学习书法，研究书法，直到成功。还有的人对文学感兴趣，即使是生活在穷困中，他也有毅力克服重重困难，专心写作。

（6）学会自我监督。对某个活动要持之以恒，要靠自己的自觉行为，因此，学生要学会检查、监督自己是否朝既定的目标努力是必要的。要让学生学会自我检查、自我监督，可以从家长的检查和鼓励开始，例如，与学生共同确定某种活动、某个目标后，每天检查学生完成的情况，并让他们自我评价，对他们的良好表现给予鼓励，对做得不够好的要进行引导，激励他们改正。之后，可以为他们画一张自我鉴定表格，让他们对完成学习计划、良好行为习惯、某种活动目标等情况进行打分，并定期把自我鉴定表交给家长看，家长要了解、表扬学生的自觉行为，对学生的自我监督进行检查。这样，学生学会自我评价、自我监督后，才能督促自己持之以恒地从事某种活动。

（7）正确看待失败、挫折和逆境。人的一生会遇到很多失败和挫折，可以这么说，再伟大的人，他也遇到过失败和挫折，没有失败和挫折，就不会有人的成功。因此，一个人在追求成功的过程中，不要怕失败，怕遭受挫折，正确看待这些负面的东西，会给自己勇气和信心，从而也有利于毅力的培养。

（8）积极参加体育锻炼。健康的体魄是毅力的基础。一般来说，人有强壮的身体才能有充满青春的活力和火一样的热情，从而坚毅、刚强、自信、耐劳和充满勇气。而体弱多病难以胜任艰苦作业的磨炼。因此，要积极参加体育锻炼，以保证有一个健康而强壮的身体。

体育运动，如打球、爬山、游泳、长跑等，不但能增强人的体质，而且活动本身就要求具有勇敢、顽强、果断、刚毅、吃苦耐劳和自制力等良好的心理品质，因而也是培养人毅力的良好途径。

34. 孩子太胆小怎么办

中考生家长：我的孩子学习成绩一般，不够稳定，性格内向，胆子小，害羞，在学校里，很少与老师、同学们交谈，老师找她谈话，她一声不吭，面无表情。上课时无精打采，眼睛无神，对什么事情总是提不起兴趣。平时独来独往，爱在一旁观看别人的活动，自己很少参加。请问，对于孩子的胆小，我们应该怎么去辅导?

案例分析

胆小心理是指孩子对某人或某些事感到害怕，行为上畏畏缩缩，不敢向前，是一种心理活动。孩子胆怯的表现形式有多种，大多数胆怯的孩子大都学习成绩较差，不愿与他人交往，不愿与同龄的孩子在一起玩耍，逃避课堂讨论，不主动发言，不愿在公开场合抛头露面，做什么事情都要父母陪伴，不能单独外出，怕见陌生人，在陌生人面前不知如何应对，说话爱低头，声音比较小，爱脸红，说话办事都爱在别人后面，甚至连笑也不敢先于别人。除此之外，有时胆怯的孩子也会恃强凌弱，表现出惊人的举动，但在内心深处却是很胆怯的。胆怯的本质就是一种不自信。造成这种情况的原因很多，具体地说，主要有以下几点。

（1）家庭原因。家庭是孩子健康成长的一个重要环境。如果家庭环境不好，一定会给孩子造成很多心理障碍。据调查，有胆怯行为的孩子，其父母本身就存在胆怯情绪，在别人面前说话办事畏畏缩缩。另外，对孩子经常打骂、责备，或夫妻离异，对孩子的打击是非常大的，使孩子缺乏依靠，缺乏交流和亲情的抚爱。孩子从小就觉得比别人差，有低人一等的感觉，从而形成胆怯自卑的心理。

（2）学校环境的影响。孩子的成长，学校也是一个重要的环节。学习成绩好的孩子，经常受到老师和同学的表扬，人缘也好，孩子在学校表现就很自信。而学习成绩差的孩子，往往会受到老师和同学的批评、责备，久而久之，就形成了害怕、胆怯的情绪，总觉得自己比别人差，不敢与他人交往，用一种退缩的方式来保护自己受伤的心灵。

（3）重大的生活事件。孩子若体弱多病或受过一次重大的心理刺激，如受人欺负、被人打骂、被人耻笑，造成自尊心受损，都可能使其变得易于胆怯。

金钥匙

（1）帮助孩子树立自信心。引起孩子胆怯心理的原因是缺乏自信，所以要让孩子克服胆怯心理，必须先帮助他们树立自信心。首先，教师和家长要相信孩子，支持孩子，放手让孩子独立地完成一些简单的任务，让孩子在发展过程中始终保持一种乐观向上的情绪，并且充满自信。教师和家长都应注意培养孩子各方面的能力；对于孩子的点滴进步，要给予表扬和充分的肯定，让孩子经常体验到成功的愉悦感，从而增强孩子的自信心。

（2）家长对孩子的评价要多以积极肯定的态度。孩子对成人的评价有一种不加考虑的轻信态度，因此，成人对待孩子的评价适当与否，会直接影响到孩子的发展。一些成人常会对孩子说“你是个笨蛋”等消极的评价，这样只会打击孩子的自信心。每个孩子都希望自己的行为能得到成人的肯定，所以，成人要经常用积极的评价和反馈（如鼓励、爱抚、点头微笑等方式）恰如其分地表扬孩子的行为，每个孩子都有自己的优点和长处，家长要善于发现孩子的优点，及时给予表扬，使孩子能看到自己的长处，体验到快乐和满足，从而激发他们继续上进的愿望，增强其自信心。但也应该注意，对孩子时时表扬、处处表扬，让孩子整天生活在赞美声中也是不可取的，因为一旦孩子受到挫折，就会变得灰心、怯懦。

家长和教师要给胆怯的孩子创造表现的机会。回答问题对孩子来说是一个很好的锻炼机会。一些胆小的孩子往往因为害怕答错被别的孩子笑话，而不敢举手发言。这时，教师可以选一些非常简单的问题引导他们回答，使他们获得成功的喜悦。如果孩子回答的不正确，也不否定、不责怪，而是首先表扬他能大胆地表达自己的意见，然后再指出他的不对。

（3）培养孩子的社会交往能力。现在的孩子都是独生子女，缺乏与他人交往的主动性和能力。因此，教师和家长应该多鼓励孩子和同伴交往。对于那些胆怯的孩子，应该教育同伴接纳他们，关心和爱护他们，同时适当地教给他们正确的交往技能，例如，在游戏中要合作、不独占，同伴之间要分享、谦让，要善于倾听别人的意见等。当孩子感到自己能友好地与他们的同伴相处，受人喜爱，那么，他以后就不会再害怕与他人交往了。

（4）要给孩子一个温暖的家。平等、理解、温馨的家庭环境能给孩子勇气和自信。在孩子面前不要滥用家长权威，尤其是对容易胆怯的孩子。家里的事尤其与孩子有关的事，要多征求和尊重孩子的意见。例如，带孩子去公园，要征求孩子去哪个公园，准备带些什么，使他觉得自己是这次小小旅游的组织者和主人。这样他就会以主人的姿态出现，从而树立自信心。在家庭中，家长对孩子也要多用些民主性的语言，如“你认为怎样”“这样行吗？”如果孩子为你做了些什么，你要表示感谢，让孩子觉得在家庭中他和大家是平等的，这有利于克服孩子的自卑情绪。

35. 孩子太敏感怎么办

中考生家长：孩子性格内向，自尊心很强，特别敏感，与人相处显得任性、霸道、易生气，人际关系不好，常与同学闹别扭，教师问其原因，说的最多的话是“我讨厌他们！”因而，孩子总是独来独往，不合群，也不愿参加集体活动。孩子觉得自己的形象和家庭条件不如别人，慢慢滋生了自卑心理，同时，心理也变得脆弱和敏感，当孩子感觉他人的言行是有意伤害自己时，马上以攻为守，对对方进行讽刺挖苦，以达到自我保护的目的。请问，这样的孩子，家长应该如何去教育和辅导?

案例分析

在生活中，有一种心思比较敏感的人群，只要遇到一点小问题就会非常在意，受到一点打击就会脆弱不堪，可能别人无意间的评论或者批评，他都会无法接受，甚至痛苦不堪，朋友的一点冷落，更是无法理解，甚至心怀芥蒂。这种情况可能会影响到一个人的发展前途，也可能会让别人感到相处的压力。敏感心理是一种心理现象，这类人感情比较脆弱，别人不经意的一个动作或者一句话，往往会引起他们的过分不安，甚至痛苦不堪。

金钥匙

（1）帮助孩子树立自信心。家长要帮助孩子树立自信心，每一个孩子都需要在鼓励中成长，就好像植物需要阳光雨露一样。孩子的心理是很脆弱的，家长要多鼓励孩子，才能增强孩子的自信心。让孩子在实践中体验成功的快乐，淡化成功与失败的界限，不要对孩子说“你一定要……”“今天必须……”这样会扩大失败的后果，会让孩子惧怕失败、惧怕尝试，越来越没有自信能做成功。

（2）多与孩子沟通和陪伴孩子。家长在与孩子沟通时，首先需要调整自己的心态，应该暗示自己：我有这样一个可爱的孩子，我们要一起成长，我们要一起面对很多问题，我们会比别人生活得更幸福，更有乐趣。家长还应该学一些家庭教育方面的知识，了解孩子在成长过程中的心理状况，现在的家庭教育已经颠覆了传统的教育方式，用父母教育自己的老方法教育下一代是行不通的，要克服孩子的敏感与脆弱，家长应该多与孩子沟通交流，在与孩子的交流中，家长要学会启发式设问，多倾听孩子的意见，通过“鼓励孩子表达自己”的方式与孩子沟通，这样比较容易调动孩子的积极性，而且能够把握住孩子思考、行动的方向。父母在孩子进入青春期的时候，要弱化父母角色，退回到朋友角色，才能走进孩子的内心，父母要掌握帮助孩子进行认知调整的方法，纠正孩子偏差的认知，改正孩子不良的行为习惯，要让孩子明白什么该做，什么不该做，以此来让孩子清晰自己行为的边界。

（3）教育孩子不要过于拘谨。心思敏感的人，往往是比较拘谨的人，做事情不太能放开，只有和熟悉的人接触，才会略微好一些。他们内心会害怕做错事，做事小心谨慎，给人一种精益求精的感觉，一旦做错一点小事，就担心会有不好的后果。我们应该做事大方一点，不必刻意瞻前顾后，抛开一些无谓的想法。

（4）教育孩子不要幻想与猜忌。心思敏感的人，有一个特点就是喜欢猜想和假设，当然，这种猜想并不是毫无根据的，他们比较喜欢因为一件小事而无限制地放大它的影响力，例如，对方无意间说了一句话，可能从内心伤害到了自己，而敏感的人就会想，为什么这么说？他到底什么意思？是不是不想和我好了？这种浮想联翩是完全没有必要的。

（5）帮助孩子追求自己的快乐。心思敏感的人，其实在内心里是喜欢与人相处的，而且，对于人的依赖要远远高于做某件事情，我们要做的，就是找到自己的快乐，创造自己的快乐，不要把快乐寄希望于某个人或者某些人，而是追随自己的个性，放下心中的芥蒂，追逐属于自己的快乐。

（6）教育孩子不必苛求完美。心思敏感的人，喜欢追求完美，做事情愿意追求完美的结果，与人相处不希望对方有缺点，或者说，不希望对方把缺点展现在自己面前。这其实也是一种不自信的表现，追求完美的人，是因为怕自己做得不好会引起别人的议论，而不敢接受自己的缺点，其实，这是很累心的，大可不必如此虐待自己。

（7）帮助孩子扩大自己的社交圈。社交圈非常重要，很多时候，我们会遇到不同的问题，朋友越多，我们得到帮助的机会越大。而朋友都是相处来的，都是天长日久培养出来的，所以，无论朋友有什么缺点，只要心地善良，都是可以做朋友的。而且，你对别人的要求，在一定程度上也决定了别人对你的要求，你能宽以待人，别人也会宽以待你，在你犯错的时候，别人也会无私地原谅你，就不用担心会犯错了。

36. 孩子太自我怎么办

中考生家长：我的孩子不太遵守学校的规章制度，纪律差，非常自我，同学之间的互不相让更是让他无法接受，他自尊心强，又好表现，可因学习成绩差、爱惹是生非，没人听他的。事事不顺心，就引起他对老师与同学不满，也对家长不满，总认为自己是对的，别人是不对的，其实他也想进步，有时上课较专心，对老师提出的问题，能积极大胆地发言，好表现自己，总希望能在大家面前露一手，得到夸奖，因为管不住自己，常常在课堂上做小动作，得不到老师和同学的信任，反过来又挫伤了自尊心。请问，这样以自我为中心的孩子，该如何进行辅导和教育?

案例分析

以自为我中心表现在：凡事都只希望满足自己的欲望，要求人人为己，却将别人的需求置之度外，不愿为别人做出牺牲，不关心他人，表现为自私自利。他们只要集体照顾，不讲集体纪律，不愿从客观实际出发，不能服从他人及集体。这种人强烈希望别人尊重他，却不知道自己也需要尊重别人。总之，这些人心目中充满了自我，自我意识过强，走向了以自我为中心的极端，或者说个人主义思想严重。孩子以自我为中心的原因如下。

（1）家庭环境因素。在独生子女越来越多的当今社会，孩子享受长辈的过分保护、娇宠溺爱，甚至自己力所能及的事情，家长都一一代劳。对于孩子的成长，家长们付出了全部，孩子却认为长辈为他们做的一切事情都是理所应当的。天长日久，孩子自然就形成了“唯我独尊、唯我独好”的心理。而且，当今高科技信息时代，家长工作繁忙，因和孩子接触较少，对孩子关心不够，存在补偿心理，所以睁一只眼，闭一只眼，这就为孩子形成不良习惯种下了“恶因”。有些家长综合素质不高，处理问题处处以自我为出发点，为孩子树立了不好的形象。无论孩子之间发生什么样的矛盾，自己的孩子永远是对的。对于大人的这种处事方式，孩子会看在眼里，记在心里。在这样的家庭环境中成长起来的孩子，往往会模仿大人的做法。

（2）学校因素。虽然当今素质教育的提法比较盛行，但总也避免不了对分数或名次的“追求”。因为孩子上初中、高中都取决于分数的高低，教学质量就是学校的生命。所以即使在小学阶段，老师们也是费尽心思，努力提高教学质量，客观上造成了重智育、轻德育的局面，对于学生身上出现的各种道德和心理问题，学校、教师明显关心不够。另外，当今社会，人们对待教育的看法，尤其在惩罚问题上观点很不一致。学校出于保护自身的需要，对教师制定了极其严格的要求，“严禁体罚”的规定被无限扩大，不但打不得，而且训不得，客观上把孩子以自我为中心的行为庇护得十分周全，让老师无从下手，顺也不妥，逆也不行。使孩子的心中产生一种错觉：我做错了，老师也拿我没办法；我做对了，老师还得表扬我。这样就会助长他们以自我为中心的心理。

（3）社会因素。电视等媒体上经常会有一些关于独生子女成长的少儿节目，有一些不良的现象，播出的本意是教育孩子的，可由于孩子辨别是非的能力较低，不但不能学着改掉一些坏毛病，相反却把节目中的糟粕学得样样精通。他们总跟电视上比，别人有什么我也不能缺少，只知道向父母索取，不知道回报。甚至有的孩子还以此来威胁自己的父母，必须为自己付出什么。

金钥匙

（1）帮助孩子正确地评价自己。家长多和孩子谈心，引导孩子正确认识自身的闪光点和不足之处，指出这些不好的行为对他人的影响，使孩子纠正自我中心意识。此外，不仅父母本身，周围的邻居、亲戚都要正确地评价孩子，不过分吹捧孩子。过分的表扬和吹捧会让孩子不能正确、客观地评价自己，变得骄傲和自我。

（2）教会孩子分享与合作。家长要为孩子创造和同龄人交往的机会，平时让孩子和其他小伙伴多接触，有好吃的、好玩的，大家一起分享，在和同伴一起学习、游戏的过程中，使孩子体会到友好相处的乐趣，并学会交往与合作，学会尊重别人的意见，认识到自己的感觉与别人有别，从而培养孩子团结友爱的品德，消除社会交往中的“自我中心”意识。

（3）尊重孩子，才能使孩子与父母心心相印。家长应该把孩子放在对等的位置，给予他们足够的尊重和重视，孩子就会感受到地位的提升，自然就愿意与家长交心，自我中心就会“收敛”很多。

（4）教育要一致，效果才能好。在教育孩子的过程中，父母的意见虽然没有必要每件事都协调一致，但在孩子面前一定要意见统一、保持一致，防止孩子钻空子。这样做不仅对家庭和睦有好处，而且也可以让孩子“无计可施”，只有老老实实地和家长“坦诚相待”。

（5）多与孩子交流。家长要走出自我，了解孩子的想法和感受，了解孩子的兴趣和爱好，了解孩子的抱负和理想，了解孩子的痛苦和烦恼。这些都有利于孩子看到与人交往的良好的示范和样本，有利于孩子逐渐克服自我中心，学会站在他人的角度思考问题，逐步走向社会化。作为父母，一定不要用强硬的态度教育孩子，试着从孩子的角度考虑，这样家长也许就会发现，孩子青春期的自我中心没那么严重，更重要的是他们走出自己封闭的世界，愿意与家长沟通。

（6）及时鼓励、表扬。孩子克服自身的缺点需要一段较长的时间，而且孩子的意志力相对较薄弱，耐心不够。因此，家长在帮助孩子克服不良习惯时，应给予孩子鼓励和表扬的，哪怕只有一丁点儿的进步也要鼓励和表扬孩子，这样才能使他们坚定信心去改正自己的错误。

37. 孩子太追求完美怎么办

中考生家长：孩子学习成绩不错，在班里一直保持前三名。可是，我们发现孩子的心态不是很好，太追求完美了，如每次考完试后，孩子都会为自己的小失误，后悔得痛哭一场，甚至是连最喜欢吃的饭菜都不吃了，倒不是为了名次，考第一也是如此。孩子为什么会这样，请给予指导。

案例分析

追求完美的特点如下：

（1）凡事都要求满意，追求完美，做事周到、细心、谨慎又非常理性；

（2）喜欢对事情一点一点地进行分析、批判，强调完整性，不喜欢半途而废；

（3）具体做事非常投入，而且好奇、求知欲旺盛，对自己要求严格，从不妥协、让步。

正因为过于追求完美，这类人一方面对自己要求很高，做事常常“吹毛求疵”，稍不满意就自责，必须重新再做，直到做得满意为止；另一方面，他们很在乎别人的评价，怕他人看到自己的短处，总是小心翼翼，担心失败，长期背负过重的心理负担。

“完美主义”性格的人是表面上的强者，由于对每一件事都要事必躬亲，精神压力很大，活得很累，更容易患上心理疾病。长期下去，有害身心。

完美主义者可分为3种类型：第一种是自我型。这类人给自己设定远大目标，并努力达到。他们容易陷入自我批判，情绪沮丧。第二种是总以为别人对自己有更高的期望，于是为之不断努力。他们容易发生饮食紊乱，乃至产生自杀的想法。他们不愿意尝试新事物，因为害怕给别人留下愚蠢的印象。当觉得别人的要求不合理或者不公平时，他们只能默默地自我调节悲伤或者愤怒的情绪。他们要在人前展现完美，所以从不请求他人帮助，一切问题都自己扛。第三种则把高标准、严要求的对象拓展到其他人身上，要求他人也要十全十美。他们把对自己的要求也强加给别人，觉得这样才公平。

孩子追求完美大概有以下几个原因：

（1）父母对事件的态度。在孩子经历的事情中，父母所持的态度会给孩子一个信号，这个信号隐含了父母对孩子所做的事情是支持还是反对，是肯定还是否定，这些信号也就决定了孩子对这件事情的态度。例如，父母希望孩子做什么都做得很好，那么孩子接收到的信号就是：做事情是要讲究完美的；如果父母总是批评孩子“这做得不好那做得不好”，那么孩子接收到的信号就是：做事情不可以有瑕疵，于是他就会不断地去追求更好。例如，孩子考试得了98分，有些家长就会在丢失的两分上做文章，而没有看到孩子取得的成绩，这样一来，焦点就会放在孩子的失误（瑕疵）上，于是孩子就会觉得自己考了100分才会让父母满意，他也就学会了追求完美。

（2）父母的期望值过高。因为对孩子的期望值过高，所以有些父母一开始就要求完美，这也就等于诱导孩子去追求完美。

（3）父母争吵造成的影响。很多夫妻的争吵是因为孩子的行为而引发的，这样的争吵会让孩子产生自责、内疚，并且开始不接纳自己。在这样的情况下，有些孩子也会形成完美型人格。

（4）孩子在家里和学校里，常常会为了得到奖励而努力。我们经常能够看到，一些父母和老师采用策略引发孩子学习或者活动的积极性，他们经常会用一些物质奖励，来督促孩子上进。这在某种程度上虽然起到了一定的积极作用，但有时候，也会强化孩子只追求表面的东西。为了得到这些奖励，有些孩子就会不断地要求自己努力去做得更好，因为他如果得不到就会感到垂头丧气。

（5）孩子自尊心过强。人是需要有自尊心的，但是自尊心过强就会有追求完美的倾向。很多人为了维护所谓的“面子”，再累也要坚持，如果达不到他想要的成绩，他就会感到焦虑、不安、精神不振。

（6）孩子上进心太强，太过追求结果。希望自己不断进步是好事，但同时我们也应该能够接纳自己的不足。另外，如果太追求结果的话，也会让人感到痛苦。如果我们能以平和的心态对待成功和失败，能够多注重一下“过程”的快乐，或许心态就大不一样了。

金钥匙

当发现孩子有追求完美的倾向时，父母的态度对孩子来说很重要。如果父母嘉许了孩子的行为，孩子就会认为自己做得很正确，于是这个行为就会得到强化；如果父母只是粗暴地批评孩子，孩子未必能够理解，这样反倒会让孩子产生逆反心理。那么父母到底该怎么做呢?

（1）父母要从内心深处放下一些东西。例如，不必苛求孩子总是考第一，总是按照家长定义中的“优秀”去发展，只要孩子是健康快乐的，父母就应该是快乐的。

（2）要淡化分数，注重学习过程。学习本身就是苦尽甘来的过程，所以不想吃苦的孩子，往往没办法进入学习的最佳境界，而敢于吃苦、乐于吃苦的孩子会感觉学习并不像想象的那么苦，甚至还能体会到学习中的快乐。所以家长应该引导孩子去挖掘学习中的快乐，而不是一味地强调分数。但是现在很多家长都没有这个观念，而是把学习等同于名次，这本身就会给孩子很大的压力。

（3）多肯定孩子。家长最了解自己孩子的性格，对不同性格的孩子，家长的要求要有所不同。追求 100% 正确的那个孩子，家长就要以肯定成绩为主，慢慢淡化孩子对失误的懊恼情绪，增强孩子的自信心，家长不必事事高标准、严要求，以免导致孩子过于苛求自己，产生强迫的倾向。对孩子一点小的成功就给予充分的鼓励与肯定，缓解他给自己施加的压力。

（4）要引导孩子世上无十全十美之事，也无十全十美之人，要正确看待缺点。告诉孩子世界上不存在完美的人，无论是平凡的人，还是名人、伟人。

（5）要让孩子知道，“不管你有没有缺点，是不是成功，父母都是爱你的！”这一点对孩子来说很重要，是他们内心的坚强后盾。世界本就是不完美的，社会就是因为不完美才需要不断地向前发展。

（6）父母应该让孩子学会接纳自己以及自己的不足，然后学会去包容别人的缺点，学会宽容。要让孩子意识到，有些敢于暴露自己缺点的人反倒更真实、更可爱。

（7）放松练习。当孩子由于过于追求完美，陷入焦虑痛苦之中时，可以采用放松的方法缓解焦虑。具体做法是：坐椅子的一半，后背离开椅背，双腿与肩等宽，双脚平放在地面上，双手放在自己的大腿上，坐直坐正，全身放松，松而不懈，下颌微微回收。想象全身放松，做深呼吸。呼吸的时候要慢，吸气的时候用鼻子，小腹收回来，憋住气，憋不住的时候，用嘴慢慢地呼出去，小腹鼓出去。这时候的焦点就在呼吸上，做 3 分钟，可以帮助缓解焦虑紧张的状态。

38. 孩子心理太脆弱怎么办

中考生家长：我的女儿心理比较脆弱，前些日子，学校组织一次摸底考试，孩子没发挥好，班主任批评了她，她哭着跑回家，说要转学，否则就不上学了，孩子上的是重点初中，本市再没有比这所学校好的学校了，这令我们家长很犯愁，也不知道该如何去有效地教育她。

案例分析

所谓脆弱心理，表现为心理承受能力差，难以承受挫折，生活和学习中稍有不顺，就会陷入消极的心境，甚至以极端方式对待，属于不健康心理的一种表现。

青少年心理脆弱的特点：一是脆弱心理的普遍性和经常性；二是脆弱心理的典型性。98%的青少年都盼望自己茁壮成长，成为一名“有用人才”，但前怕狼后怕虎的占32%；三是脆弱心理的两重性；四是脆弱心理表现的多样性，如厌学、消沉、顶牛、发泄、出走、烦躁。

青少年的脆弱心理还具有隐蔽性、突发性、交织性等特点，这是因为其人格较为独立，内心较为隐蔽，自控力较差之缘故，他们一旦陷入这个怪圈，学习成绩就会更差、品行更坏，这对他们的成长是极为不利的。

青少年脆弱心理形成的原因如下：

（1）过度期望，违背客观规律。许多青少年家长由于“望子成龙、望女成凤”的传统理念作祟，往往对于子女的能力状况缺乏细致的分析和思考，对子女目标的拟定不尊重客观事实，期望值过大，使他们在父母“只能成功不能失败”的意识影响下，容不得自己有丝毫失误，一旦有个闪失，则情绪低落，一蹶不振。

（2）宽容呵护，缺乏严格要求。一些父母在日常生活中对子女一味地宽容，使其过早地走上了父母为他铺好的“红地毯”，常常使他们表现浮躁，习惯于以自己的意志去影响别人，失衡现象比较明显，当自己的意志左右不了别人的行动的时候，就失落和消沉，或者借故发泄，不仅影响了自己，也影响了别人。

（3）成长规律，不能正确引导。学生阶段正处于比较旺盛的青春期，人体的各个部分发育迅速，一些器官和系统（人的大脑和心脏）的发育超出了青少年自身的认知水准与心理承受能力，由此便会产生一系列的脆弱性心理反应。从心理角度来说，一旦疏导不力，将会由正常的生理心理转折期变为一种“危险期”，从而对他们的健康成长产生不良影响。

（4）“严即为爱”，陈旧的教育理念。学生时代是自主意识逐步增强的关键时期，对于客观事物，他们已经有了自己的见解和思维方式，所以教育引导极为重要，但我们有些教育工作者一味奉行“严即为爱”的传统观念，对青少年关心不足，疏导不够，在青少年的学习生活中，不顾青少年心理上产生的诸多脆弱性心理反应，只是凭自己的主观意志强加于人，殊不知“物极必反”。因此，我们应走出“严即是爱”的误区，进一步更新教育观念，提高自己的综合素质，逐步完善自己，从而诱导青少年得以健康发展。

（5）心理创伤，没有释放环境。青少年总是缺少宣泄和心理释放的环境条件，他们渴望理解，渴望和老师说说悄悄话，谈谈心理感受，但我们教育工作者恰恰忽视了这一点，常常是凭自己的意愿来左右青少年的行动，对青少年的教育成人化、成熟化，缺乏调节和疏导，没有为他们创造一个心理释放的环境。他们有气、有话、有意见只能憋在心里，当超过一定限度时，“怨气”就自然地爆发出来，出现不可预测的后果，最终导致青少年产生一系列的心理创伤。

金钥匙

（1）培养心理的独立性。孩子娇生惯养，依赖性强，独立性差。因此，家长要为青少年创造更多的自由发展空间，极力营造一种和谐愉悦的教育氛围，巧妙地激发青少年积极表现自我的机会，使每个青少年的个性都得到充分的展示，并积极采纳青少年提出的建设性建议，让青少年看到成效，感受到成功的喜悦，从而增强自尊心、自信心、激发内部潜力，坚定“我能行”的信念，思想独立地生活和学习。

（2）引导孩子建立良好的人际关系。孩子大部分时间都在学校里，如果和老师及同学关系不好的话，肯定会影响其心理，造成自卑、易怒等性格。家长要积极引导孩子建立良好的人际关系，为人处世落落大方。

（3）教会孩子排解压力的正确方式。孩子身上肩负着全家的希望，压力是有的，如果压力积压得时间太长，就会造成心理脆弱。家长要教会孩子排解压力的正确方式。如听英文歌曲、画画、弹琴都是不错的方式。

（4）强化协作教育，培养心理的和谐性。俗话说“人多力量大”，一个自然人，作为整个生物界的一小分子，只有与自己的外部世界协调统一，积极合作，才会使自己的人生更有价值，自己所处的环境更加优美。因此，我们应该积极地创造一个优美、和谐、文明的环境，让他们在不自觉中提高合作意识，培养其心理的和谐性。

（5）强化挫折教育，培养青少年心理的抗压性。人生并非一帆风顺，在现实生活中，并非万事如意，心想不一定事成。我们教育工作者要从心理上和生活上加以引导，让他们认识到挫折是生活中的正常现象，通过故事会、报告会、学习名人、伟人对待挫折的态度，来提高他们对挫折的认识，使他们敢于正视挫折，同时结合“磨难教育”，让他们体验到人生的乐趣与辉煌，增强抗挫信心，坦然面对人生道路上的失败与坎坷，从而实现战胜自我并超越自我。

（6）积极引导孩子树立正确的人生观和价值观。孩子如果没有树立正确的人生观和价值观，就会对自己的努力方向感到迷茫，人生也没有目标。家长和老师要积极引导孩子树立正确的人生观和价值观，让孩子为自己的目标而奋斗。

39. 孩子与同学关系紧张怎么办

中考生家长：孩子学习成绩中等，但是爱好各项体育运动，特别喜欢打篮球，曾是学校篮球队的主力队员，孩子常常喜欢说大话，在同学面前夸下海口，但每次事情都不能如他所愿，久而久之，同学们都不愿意跟他交往，他也越来越沉默。他曾经非常喜欢班上的一个女同学，但那个女同学却不怎么喜欢搭理他，他感到很苦恼。孩子和同学之间的关系紧张，我们家长该如何去帮助他改变？

案例分析

人际关系紧张，主要表现在：不善于人际交往，因为个性因素导致人际关系紧张，或缺少朋友。如一些内向的人或自卑的人，就容易产生人际关系困扰。人际关系困扰者，有的人以自我为中心，过分地苛求他人，对别人的言行挑剔、猜疑，缺乏理解、尊重和同情，常因讽刺挖苦而伤人；有的人互相嫉妒，互不示弱而发生冲突，甚至互相报复，造成心理上的伤害；有的人由于任性、偏激或喜怒无常等个性而难以为他人接受，造成人际关系不协调。

人际关系紧张者不善于与人交往，不能解决交往中出现的问题，视人际关系为畏途；有的追求人际关系的完美，期望自己能左右逢源，对人际交往中没有处理好的情况感到苦恼；有的由于自己的友善行为被人误解或者没有得到预期的回报，因而对处理好人际关系的信心大大下降；有的对交往的需要与自己经济能力的矛盾感到苦恼；还有的甚至完全厌烦人际关系，此类人不同程度上存在人际交往中的自卑、不善言谈、交往不主动等问题。

人际关系紧张者，在交往中，因自负而不屑交往；因恐惧而不能交往；因自卑而不敢交往；因孤僻而不愿交往；因嫉妒而不善交往。人类的心理适应最主要的就是人际关系的适应，所以人类的心理问题主要是由于人际关系的失调而引发的。

影响孩子人际交往的原因如下：

（1）生活环境的影响，缺乏交友环境。我国居民住房多为单元结构，家庭结构小家庭化、少子化，失去过往大家族亲朋好友常往来，及街坊邻居在外玩耍那样的自然环境，这在客观条件上就压缩了孩子的活动天地，限制了孩子们之间的走动来往空间，减少了孩子们在一起游戏、玩耍和交往的机会。再加上现代生活节奏紧张，邻里之间互不往来，这必然影响孩子。孩子间即使偶有交往，也被某些家长的癖好所影响。例如，有的家长特别讲卫生，把家里打扫得一尘不染，整理得整齐有序。当孩子朋友来玩时，由于孩子天性好动，难免弄乱弄脏。然而，有的家长不懂得孩子渴求朋友的心理，会当面指责孩子的朋友，或者限制孩子们在家某些区域的活动。这样，既损伤了孩子的自尊心，又影响了孩子与朋友间的友谊，结果是朋友再也不愿来玩了。因为，你的家不能成为孩子们无拘无束、愉快玩耍的地方。

许多家长对孩子看护过严，孩子每天上学和放学都由家长亲自接送，而且孩子回到家后一般都不再容许外出，孩子与别人的交往仅限于在学校的课间休息时间；不少家长望子成龙心切，要求孩子不仅要学好学校里的功课，而且孩子的大量业余时间也被各种各样的辅导班、补习班和特长班占用，搞得孩子整天疲于奔命，根本没有精力再与别人玩耍和交往。

（2）缺乏交往动机。现在电子和通信技术高度发达，孩子足不出户就可以享受到电子游戏、电视和互联网带来的娱乐，这也削弱和淡化了他们与同伴间的交往动机和欲望。

有些家庭以孩子为中心，对孩子的各种需要几乎是无条件满足，而且总有人陪伴孩子游戏。当总有人陪伴在孩子身边时，他们就难以产生找同伴游戏的动机。还有些孩子只愿意与成人交往，是因为成人总让着他，与同伴交往，他就需要协调、商量，甚至还要想办法解决冲突，为了“省事”，他宁可与成人交往。

（3）缺乏同学间的话题。因家庭环境、父母要求的不同，孩子接触的事物也大多不一样，朋友间的话题会产生分歧，但孩子在求学阶段最需要的就是同学的肯定，最怕有“朋友会的我不会”“朋友说的我不懂”的疏离感，这样的疏离，或多或少会造成人际关系的障碍。

（4）外貌、语言和自身性格特质。个性绝对是影响人际关系的主因，有些孩子由于受遗传或自身个性特点影响，比较内向，比较害羞，胆量也比较小，不愿与人打交道，与人交往经常感到难为情，甚至有一些恐惧心理，他们在别人面前总感到有一种无形的压力，心里非常紧张，感到浑身不自在；与人交谈时一说话就脸红，而且是结结巴巴的；在社交场合不太爱表现自己，不敢发表自己的意见和想法，显得十分拘谨；看到别的孩子在一起玩得很开心，自己很想加入其中，可总也鼓不起勇气。有些孩子对自己缺乏信心，认为自己这也不好那也不行，经常沉浸在己不如人的消极体验中，他们在与他人交往时总觉得自己低人一等，害怕自己会在别人面前出洋相，担心自己会受到别人的非议，于是为了避免出现难堪的局面，就选择了在众人面前少开口、不表现来掩饰自己，时间一久就养成了不善言谈、不爱交往的习惯。“观察力”也是人际关系的一大重点，有些孩子个性上没有太大缺点，只因“不知道自己做了什么让人不开心的事”，常常无形中就成为人缘不好的孩子。

金钥匙

要让孩子学会真诚、自省，求同存异、替他人着想，谅解、宽容和赞美他人。尊重别人和自己的不同，包容别人和自己的不一样。多顾及别人的感受，做一个受人欢迎的人。

在这个竞争激烈的年代，作为家长的成年人往往会为复杂的人际关系所苦恼，但很少想到自己的孩子小小年纪也会有这方面的烦恼。这包括与父母、同学、老师、朋友关系紧张；没有知心朋友，没有可说知心话的人，内心孤独；觉得人人都在和自己作对；老师偏心；同学打击、压制、嫉妒自己等。

与他人交往，是每个人与生俱来的一种基本心理需要。交往，对青少年的成长、个性的形成和发展具有特殊意义。一个人的个性总是在特定的社会环境下，通过与他人的交往逐步形成的。人们兴趣的培养、情绪和能力的发展都离不开交往。家长要关注孩子的人际交往，尤其要帮助孩子消除人际关系的烦恼。

随着独生子女家庭的日益增多，越来越多的孩子渴望拥有同学间的友情。高兴时有人分享自己的快乐，烦恼时有人“出谋划策”为自己解忧。

然而，这种渴望并非人人都能如愿以偿。不少孩子感到自己“人缘”不好，有种被友情遗忘的感觉。

在学校里，有些孩子渴望友情，但却自我封闭。例如，把同学的一句无关紧要的玩笑话当真，甚至导致打架；有时同学真的想帮助他，而他却视为敌意，不让同学接近，从而失去了友情。

作为父母应教育孩子要明确地树立与同学交往的意识，先从自己的同桌、前后左右的同学开始交往，主动接近同学。除面对面交往之外，还可以通过电话、上网等现代通信手段与同学交往，取得同学的信任，从而获得友情。

与同学相处，关键要做个有“心”人。对孩子特别强调要有三“心”：热心、真心和关心。

（1）热心，就是要热情地对待同学，把同学们都当作自己的兄弟姐妹一样对待。满腔热情地为大家做事，无论大事小事，只要是集体的事、同学的事，就该积极去做。

（2）真心，是指在与同学们的交往中以诚相待。在平时的学习、活动中，与同学们多谈谈心里话，多交流，多了解、多帮助一下别人，让大家在一点一滴中体会到你的真诚。久而久之，同学们就会乐意把悄悄话说给你听，与你成为知心朋友。如果孩子还是班干部或团干部就更要多听取同学们的意见、建议，不断地改正不足，改进工作方法，听取好的建议；同时多向团组织，多向老师反映同学们的心声。这样孩子就会更受大家的欢迎了。

（3）关心，是指关心帮助每位同学。教育孩子要细心观察，别的同学有哪些忧虑？哪些同学有困难？有哪些困难？看看自己能否帮助他们排忧解难。同学学习跟不上，可以帮助补课；同学生病了，和大家一起去看望，送去祝福；同学生活上有难处，主动与老师、同学商量，群策群力一起帮助他解决……

作为家长还应告诉孩子，人都是有缺点的，在心理学中，一个没有缺点的人是不可爱的人。教师如此，学生也如此。

孩子只要生活在集体中，就要和其他同学交往，如何与他人交往？学会真诚、自省、求同存异、替他人着想、谅解、宽容和赞美很重要。在一个集体中，应当尊重别人和自己的不同，包容别人和自己的不一样。多顾及别人的感受，是赢得别人对自己好感的前提。

心理训练　想象放松法缓解焦虑感

现在请你找一个舒服的姿势坐好，慢慢地闭上你的眼睛……

现在请你做一次深而长的呼吸……

在慢而深的呼吸中你感觉全身越来越放松了，你感觉头部放松了，脖子也放松了，深长地呼吸，你能感觉到你的两条手臂完全地放松了，你的腹部、臀部放松了，你的两条腿到你的脚趾都放松了，再深深地吸一口气，缓缓地吐出，现在请你发挥最大的想象力……

想象你来到了一个大大的花园，这是一个专门迎接你的大花园……

平静地呼吸，你在美丽的花园中散步……非常的好……

在晴朗的天气中，你在花园里散着步，天空很蓝，你看见天空中飘着朵朵白云……

太阳照在你的脸上，暖洋洋的，十分舒服……

就这样你在花园里散步，慢而深长的呼吸中……你感觉微风轻轻吹来……

微风吹在你的脸上很舒服……很舒服……

你能感觉到双脚踩在软软的草地上……

很放松，很舒服，

心情十分舒畅……

伴随着深长的呼吸，你感觉非常自由，很放松，很自由……

你能听到小鸟清脆的鸣叫，不时有蝴蝶在眼前飞过。你感觉非常放松……非常自由……

微风吹拂着你的脸庞，你俯下身闻到了花的清香，很舒服……非常快乐，非常放松……

就这样……在花园里散步……

在你喜欢的风景中散步……

记住这种感觉，这种平静、舒畅、快乐、自由的感觉……

当你想要回到这种感觉时，你随时都能回来……

随时都能回到这美丽的花园，开满各种颜色的花朵，有红色、黄色、绿色、紫色等漂亮而美好，还有各种不同形状的叶子，你随时都可以回到这种感觉，平静、舒畅、快乐、自由的感觉……

请静静地享受这种感觉，就在这座花园里享受着……

当你享受够了的时候，你就可以醒来，当你想要醒来时，你就可以睁开眼睛完完全全地醒来。

第三篇

中考生家庭教育心·理辅导

心理训练　呼吸集中法缓解焦虑

我们可以利用意识对呼吸动作的调节作用，将大脑和身体的活动有机联系起来，练习集中注意力从而缓解焦虑。

（1）找一个舒服的姿势坐下来或者躺下来。

（2）按照腹式深呼吸的方法做几个深呼吸，呼吸时要做到深而长，轻而均匀。

（3）进行正常速度的腹式呼吸，嘴巴微微张开，用鼻子吸进，用鼻子呼出。

（4）在呼吸时把注意力集中在鼻孔和上嘴唇之间的位置，体验进气和出气时气流经过那里的感觉。

（5）仔细体验气流的大小、气流的温度、气流经过时的感觉。

（6）慢慢闭上眼睛，把注意力集中在鼻孔和上嘴唇之间的位置，体验进气和出气时气流经过时的感觉。

随着注意力的集中，你的感觉会越来越明显，呼吸会越来越均匀。也许你可能在练习中睡着，不要紧，休息好之后你自然会醒，每天练习十几分钟会使你得到更加充分的休息。

40. 隔代抚养的孩子心理问题

中考生家长：我们夫妻两地分居，工作都很忙，孩子是由爷爷奶奶带大的，初中后孩子跟我们一起生活，但是，我发现孩子有很多心理问题，如不懂礼貌、胆小、自私、学习习惯也不好等，我想问的是，爷爷奶奶带大的孩子为什么会有这么多心理问题？

案例分析

很多孩子的父母由于忙于工作和生意，或外出打工，孩子一般由爷爷奶奶或外公外婆带着。一直跟爷爷奶奶（或外公外婆）生活的孩子，很多都表现出相似的心理问题，如自私、好计较个人得失、以自我为中心、集体观念差、不合群等，还有一部分孩子不爱学习。为什么会出现这些心理问题呢？其原因如下：

（1）爷爷奶奶一般都非常溺爱孙子（或孙女），尤其是奶奶。她们认为把孙子孙女伺候得好好的，就是很好的教育，其实溺爱不等同于教育，这对孩子的个性发展非常不利。

（2）爷爷奶奶教育思想落后、观念老化，现代教育理念较差或基本上没有，他们更多的是关心孩子的生活，对学习和教育关心较少。在这样的环境中成长的孩子，大多学习成绩差或一般，心理问题却很多。有的孩子在初中就厌学，城市中这种情况的孩子稍稍好些，农村中这种情况的孩子，问题较多。

（3）爷爷奶奶知识较陈旧，有些孩子的爷爷奶奶基本上没文化（农村较多），对学生课程知识基本不了解和不懂，难以辅导孩子的学习，更不要说培养孩子良好的学习习惯了。有些孩子爷爷奶奶整天忙于打牌、搓麻将和看电视剧，根本没心思教育孙子和孙女，在这种放任自流的教育环境里，孩子良好的习惯怎么会形成呢？成绩怎么会好起来呢？

（4）爷爷奶奶带孙子孙女，淡化了孩子与父母的亲情，隔代人思想也隔代，孩子的心理发育和成长就会出现问题。孩子的这些心理问题，会影响孩子今后的人生，甚至对他们一辈子都有影响。

因此，孩子父母就是再忙，也别忘了孩子的教育问题，任何人都不能完全代替父母亲情。父母有责任和义务去认真教育自己的孩子。

金钥匙

（1）对孩子的教育，父母是教育的主体，起主导作用，爷爷奶奶只能作为一种补充。如果因为工作原因，必须由爷爷奶奶来带孩子，爷爷奶奶应该懂一些教育心理学的知识，要结合孙辈的心理特点，科学施教。

（2）要培养孩子的兴趣爱好。重要的是避免孩子对学习产生抵触心理，小时候就鼓励孩子独立完成作业，用欣赏和鼓励的态度陪伴他。孩子因为自己的学习而收获了知识和学业的进步，产生的喜悦也是引发兴趣的一个因素。

（3）要让孩子养成良好的习惯，如卫生习惯、学习习惯，养成良好的习惯会对孩子以后有很大的帮助。

（4）家长也要做一个诚信的家长，当你答应了孩子某一件事情的时候就一定要做到，不要去欺骗孩子，也要告诉孩子如果答应别人什么事情也必须要做到，那么孩子以后会成为一个诚实守信的人。

（5）要真正理解、尊重、信任孩子。看到孩子的某些变化或者反常行为不要惊慌失措，更不能打骂，否则只会激起孩子的叛逆心理，导致破罐子破摔，加大亲子间隔阂。

（6）应尊重孩子的独立性，给他们一定的自主权利，跟孩子以平等商讨的方式谈话，即使孩子脾气倔强，也不要用命令、训斥的口气，粗暴和强制只会让孩子更加逆反。

（7）要做孩子的知心朋友，真正了解孩子的内心世界，孩子感受到父母的关心、尊重和理解，便会将其视为最可信赖的人，做孩子的知心朋友，感情就能得到真正交流，在这种状态下孩子更易于接受教育和指导。孩子需要尊重、渴望独立，希望家长把自己当成大人来看待，由于心理上没有达到成人的标准，在面对诸多复杂的矛盾和困惑时，内心依然希望得到师长在精神上的理解、支持和保护。所以作为家长要转变角色，尝试着跟孩子交朋友，多听孩子的想法，心平气和地与孩子沟通交流，给孩子一个适当的自由成长空间。

41. 单亲家庭孩子的心理问题

中考生家长：我在孩子上初中那年就离婚了，孩子跟着我过，3年来，我发现孩子性格变化很大，以前很开朗活泼的一个孩子，现在变得很内向，不愿意跟人交往，也比较自卑。我的一个同事，跟我的情况一样，她离异后，孩子就变得很古怪，教育也难奏效，我想问的是，单亲家庭的孩子为什么会有这么多心理问题?

案例分析

父母离异对孩子的成长会有影响，但并不是说，父母离异一定会对孩子有影响，关键在于离异父母对待孩子的教育方法上。离异父母在教育孩子时容易出现的问题如下：

（1）父母一方当着孩子的面，总喜欢无情地痛斥另一方。如“你爸爸是一个没本事的男人”“你爸爸心花得很，以后不要跟你爸爸学坏了”“你妈妈跟别人跑了，是个坏女人”“你妈妈是个不三不四的女人”等，父母一方与其在痛斥另一方，倒不如说是在伤害孩子。孩子心灵的完美，和谐的成长，离不开父母双方的形象作用，父母双方的爱对孩子来说是非常必要的，缺一不可。即使夫妻再有仇恨，也不要当着孩子的面发泄。

（2）父母离异后，孩子一般跟了另一方，由于工作忙，很少顾及孩子，有的干脆把孩子往爷爷奶奶或外公外婆那里一丢，就不闻不问了，最后，只是寄点钱回来，供孩子吃、穿、用，如果这就代表自己对孩子的关心和爱，那就错了，这不能代替教育。

（3）离异父母的作风问题对孩子的成长有很大的消极影响。有的父母离异就是因为一方的作风问题，离异后继续存在作风问题，两性关系混乱，孩子看在眼里，心里却留下阴影，这种阴影对他们成年后婚恋选择有很多不利影响，严重的甚至有破坏影响。这在我们的婚姻生活当中，被无数的事实所证明。

很多未成年人犯罪，很多是单亲家庭的孩子，他们要么是一个无人管的孩子，要么是受到来自周围和社会的种种歧视。单亲家庭的孩子的心理问题比一般双亲家庭的孩子的心理问题要多得多，主要表现在以下几个方面：

（1）自卑感强。他们自觉低人一等，对生活、学习等都不自信，但他们内心又不甘心这种自卑，所以他们总是用其他的方式来逃避自卑，如打架、欺负弱小的学生、上网玩游戏等。

（2）内向和孤僻。单亲家庭的孩子由于得不到双亲的爱，他们缺少快乐，不喜欢人际交往，因为他们总是担心别人瞧不起自己，觉得自己不如别人，因此，他们性格一般内向，甚至孤僻。

（3）敌视感强。单亲家庭的孩子总是感到家里冷冷清清，没法与双亲进行交流、沟通，这样的孩子对家长、对老师、对社会都有敌视感。

（4）宽容度低。单亲家庭的孩子对幸福美满家庭的同学既羡慕又嫉妒，继而又充满敌视，孩子的内心世界是极其矛盾的。他们难以原谅别人对自己的无理，十分争强好胜，与同学发生摩擦往往得理不饶人，即使自己错了，也难以主动认错。

儿童和青少年，他们心理还不成熟，人格发展还不健全，认知能力也很有限。他们不管父母为什么离异，反正离异他们就感到不愉快，不能原谅父母的行为，但他们又无可奈何，周围同学的嘲笑，父母之间的冷漠让孩子感受不到来自家庭的温暖，因此，他们自觉低人一等，越来越自卑，继而脱离同学圈，喜欢与有类似家庭经历的同学交往。

单亲家庭的孩子心理问题较多，长此以往，很容易给童年留下阴影，这种阴影一旦形成，有的甚至会追随他们一辈子，对其人生有很多消极影响。因此，广大教育工作者和社会工作者都应该积极关心单亲家庭的孩子。

金钥匙

（1）带孩子的一方，承担了教育孩子的主要责任。如孩子跟着母亲，那么主要就是母亲教育孩子，但母亲就是再优秀，她也取代不了孩子父亲的角色；同样，孩子跟着父亲，父亲也不能代替母亲的地位和作用。因此，合适的时候，也要让孩子与父母另一方生活一段时间，让孩子体验父母亲情，这对孩子人格发展和十分重要。有的夫妻由于仇恨对方，坚决不让孩子见到另一方，这是十分错误的，不能把自己的喜怒哀乐强加给孩子。

（2）夫妻离异，心里不痛快，但在孩子面前，也要维护另一方的形象。仅对孩子的物质关心是不够的，还要关心孩子的学习和人格的发展，尤其要注意孩子心灵的成长。父母离异很容易造成孩子的童年阴影，这种阴影严重的会对孩子的一生产生影响。因此，夫妻离异已经伤害到对方，不能再伤害孩子了。

（3）作为抚育子女一方的父亲或母亲，本身要从离异的事件中走出来，认真安排新的生活，稳定自己的情绪，振作精神，要用更多的时间考虑如何肩负教养子女的重任，端正对孩子的看法。孩子是无辜的，不应视作“累赘”，或视作怨恨对方的“出气筒”；孩子是家庭的成员，也是社会中的一员，培育孩子是我们家长应尽的责任和义务，不可作为“私有财物”，而任意处置。

（4）应在生活上尤其在孩子的心灵上倍加体贴和关心，尽可能抽出时间和孩子相处，交流感情，让孩子有机会表达自己的思想感情。要对孩子遇到的困难和烦恼表示理解，帮助其解决，鼓励孩子面对现实，勇敢对待，尽量弥补孩子缺少的父爱或母爱，让孩子的心灵得到安慰。

（5）切忌溺爱。不要因为孩子心灵上受到创伤就百般袒护溺爱，有的单亲家长自认为用溺爱这种形式可以得到孩子的谅解或减轻自己的负疚感，殊不知，这样将会使孩子骄横任性，使其个性得不到正常的发展。

（6）培养孩子多方面的兴趣和爱好。让孩子参加各种活动，培养孩子积极向上的情绪和活泼开朗的性格，以淡化父母离异给孩子造成的创伤。

（7）单亲家庭的父母应该根据孩子的性格、年龄等因素，以孩子最能接受的方式，平静、真诚、耐心地向他们解释自己离异的原因，争取他们的理解，教会孩子应付来自外界的各种询问，并让孩子理解单亲家庭也是正常的社会现象。

（8）和孩子一起走出阴霾。无论父母哪一方承担抚养孩子的职责，都要为孩子撑起一片天，把对孩子生活的影响降到最低。在父母离婚最初的一段时间里，孩子肯定都非常不适应，这时候，家长不仅自己要多和孩子进行交流沟通，还要注意帮助孩子充实生活。由于家庭结构的不完整，单亲家庭的生活比较单调，孩子容易感到精神上的空虚与寂寞。因此，父母每天再忙，也应抽时间多陪陪孩子，与孩子聊聊天，倾听孩子的心声。由于日常生活中缺少了父亲或母亲，相对于其他的孩子，单亲家庭的孩子接触社会的机会也相对减少，社会知识也不够丰富，所以家长应该帮助孩子扩大社交圈，多认识一些朋友，多读书，使他们的身心能够健康成长。

（9）弥补角色的缺失。在青少年心理成长的过程中，性别角色的学习是一个重要环节，父亲和母亲有着无法取代的作用。因此，对于单亲家庭的父母来说，要特别注意弥补孩子由于缺少父爱或母爱所带来的消极影响。在单亲家庭中，家长应注意调动亲戚、朋友中的性别资源，给孩子以应有的适宜的影响，以保证男孩的阳刚之气和女孩的阴柔之美，以免造成两性角色心理与行为上的偏差。例如，对缺少父爱的子女，母亲要加强他们的独立、自主、勇敢、果断等方面的人格教育，有意识地带他们多接触一些成熟的、自信的、有责任心的成年男子。与此同时，离婚父母也应当保持正常的接触关系，不应在孩子面前丑化另一方，破坏他们的亲情，使子女尽可能地享受父母的关爱。

42. 乖孩子的弊端

中考生家长：可能跟我们家比较严厉的家教有关，孩子很乖很听话，学习成绩也不错，但是，我们也发现，孩子情商不太高，非常追求完美，做一件事情总是反反复复的，生怕做错，也没有什么朋友，不喜欢交往，一天到晚就知道看书学习，这样的孩子也很令我们家长担忧，乖孩子是不是都这样?

案例分析

很多父母都喜欢乖孩子，因为这样的孩子听话、爱学习，使父母少操心，这样的乖孩子一般邻居和老师都喜欢，并总是夸奖他们，父母听了也是高兴不已。但这样的孩子也存在很多问题，尤其是在他们进入大学和踏入社会后表现出一系列的心理问题，具体表现在以下几个方面。

（1）强迫人格特征明显。在社会心理咨询中，我们曾接待过很多患强迫症的求助者，咨询中发现，他们小的时候强迫人格很突出，这样的人格特征小时候可能受到父母肯定，但他们踏入社会，面对复杂的人际关系和工作压力，心理问题就会表现出来。

（2）思维不活跃，创新能力不强。我们调查过很多私营企业的老板，发现他们虽然文化程度不高，小时候就是那种特调皮、不太爱学习的孩子，但他们思维活跃，喜欢奇思妙想，最终有所作为。有些乖孩子，总是按规矩办事，思维刻板，长大成人后，依然是那种按规矩办事的思维模式，因此，创新能力不强，这样的人一辈子可能就过着那种极其平淡的生活，而且知足而乐。

（3）心理问题困扰多。乖孩子的整体素质并不高，因为听话、爱学习，一美遮百丑，家长和老师都认为他是有出息的孩子，这就更加强化了孩子的这种乖巧行为，而使他们忽视了其他能力的培养。我曾接待过一个女大学生，是母亲陪她前来咨询的，她的问题是社交恐怖症，原来，这个大学生从小学一直到高中毕业，一直是母亲和老师心目中的宠儿，但她的社交能力很差，母亲由于对自己婚姻的失望，泛化到对男人的不信任，从小就教育她不要跟男生来往，提防异性。读中学由于学生的主要任务是学习，心理问题表露不怎么明显，但上了大学，环境发生了变化，她的心理问题就暴露出来了。

乖孩子，一般心理素质不高，难以应对突发事件，挫折承受力也差。因此，父母和老师都要积极关注乖孩子的心理素质，别忘了对他们心理的教育。

金钥匙

（1）家长要重视，帮助孩子克服完美主义个性。

降低、放松对自己的要求，在宽以待人的同时，也要善待自己，原谅自己的过失和不足，接纳那个真实的、有缺陷的自我，为自己营造一个宽松健康的心理环境，让自己活得更加轻松自然。

接受现实，金无足赤，人无完人，对自己宽容一点，接纳自我，尊重客观事实，怀着一颗平常心看待人和事，要注重过程，不要太在意结果，真心努力和付出了就行，不要让自己有那么大的压力，为自己松绑。

树立孩子的自信心，建议孩子不要把注意力集中在自身的不足和缺点上，要多看到自己的优势和长处，培养自己的自信心。

改变自己的思维模式和观念，做真实的自我，凡事尽力就行，不要太在意别人对自己的评价和赞美，人非圣贤，孰能无过？无心的过错是很正常的，更何况我们已经尽了全力，通过努力，最后即便犯了错误，也是常事，没什么大不了的，只要能发现错误，以后注意避免就是进步。

告诉孩子要接纳他人，并且宽容地对待他人，亲人也好，朋友也好，父母也好，他们无论是优秀还是平庸，是完美还是不堪，都是值得你尊重的生命，无论他们的言行或表现多么让你不称心、不如意，你在心里都应该尊重他们，毕竟世界上没有两片完全相同的树叶，每个人的想法和能力有差异，这是非常正常的。

（2）家长要重视，加强对孩子的挫折教育。

让孩子知道挫折只是暂时的，是可以克服的。让孩子学会面对挫折不气馁。每个人在不同的阶段有不同的挫折，所以每走过一个阶段，克服一个又一个的挫折，其实就是每个人的成长历程，只是每个人对挫折的感觉不同，所以才会在挫折面前有不一样的表现。从小我们就要培养孩子的韧性，让他面对困难，有积极的心态，有坚定的决心，让孩子明白总有办法能克服困难。从小的挫折开始，让孩子自己慢慢地去面对，积极地去处理，父母要引导孩子有克服困难和挫折的勇气，进而慢慢培养出克服挫折后的成就感。

设置障碍情境，增强孩子的心理承受能力。现在的孩子遇到挫折的机会很少，许多孩子形成了“输不起”的性格，他们由于怕困难、怕失败而不愿去尝试。这就要求我们在日常生活中人为地为他们设置一些障碍，以增强孩子对挫折的心理承受能力，从而增强其坚持性。

要鼓励孩子敢闯敢干。在孩子遇到困难时，不要一味地包办代替，而要帮助他们找到克服困难的方法。无论成功还是失败，都要及时帮助他们总结经验和教训，帮助他们养成胜不骄、败不馁的良好心理品质。只有这样，才能提高孩子的坚持性。

（3）家长要加强对孩子进行心理健康教育。

孩子良好的心理素质，需要良好家庭的教育培养，家长要加强与孩子沟通，时刻关注孩子存在的心理问题，及时给予疏导，如孩子应试心理差，辅导孩子要以平常心态看待考试，家长的唠叨、在意和期望太高，都会给孩子造成太大的压力，家长应该注意。再如青春期的性教育、人际交往技巧和意志力的培养等都需要发挥家庭教育功能。有些青少年有社交恐惧心理，很少与人交往，害怕不被人接纳，或嫉妒别人，或看不惯别人，或在男女交往中存在困惑等，家长应鼓励孩子多交友，在择友上加以指导，培养社交技巧，过多地指责、约束孩子反而会使自己的孩子在社交中缺乏自信。父母在孩子成长过程中，应正确地引导孩子，加强交流，培养孩子健康的心理。

43. 母亲教养男孩的弊端

心理咨询师：在心理门诊，一位母亲来找我们，为她的孩子咨询求助，她说她的孩子在校住读，经常让她操心。一天夜里，孩子突然给母亲打电话，要她快来学校，说是自己出事了，母亲吓坏了，连夜赶到学校，后来才知并不是什么大不了的事。原来，学校一名女生说喜欢他，他不同意，可那女孩不干，非要继续与他交往，他采取不理睬她的办法，女孩很生气，就在校园网站上发了帖子大骂他是个坏蛋，他在网上看到帖子，吓坏了，没有了主意，只好打电话向母亲求助。类似这样的例子，我曾碰到过很多。

案例分析

在我国，大概是广大母亲特有的慈爱之心，很多家庭的孩子都是母亲一手拉扯大的，妈妈的爱确实使孩子度过很多快乐的时光。

但母亲单方面教养男孩，这对孩子的心理健康成长非常不利。其弊端表现在以下几个方面：

（1）容易使男孩女性化，缺乏阳刚之气。由于经常与母亲在一起，接受母亲的教育，父亲较少管教孩子，这样的孩子很容易吸取女性的一些特点和品质，长期潜移默化而女性化。这样的男孩子一般胆小、缺乏主见、不太合群。

（2）容易使男孩产生恋母情绪。由于长期与母亲在一起交流、沟通和生活，孩子会对母亲越来越依恋。孩子长大后，就容易形成恋母情结，这对孩子今后的择偶和婚姻都会有很大影响。在心理咨询中，我曾接待过好几例存在恋母情结的男性求助者，发现他们小时候长期与母亲生活在一起，对母亲的感情比对父亲的感情深得多。因此，广大母亲在教育自己的儿子时，千万别忽视了孩子父亲的作用和意义。

（3）不利于男孩健康、积极性格的形成。十分女性化的男性成年人，在社会交往、工作和生活方面，会遇到很多障碍，不容易被大众所接受，他们会遇到很多挫折和失败。因为，在他们性格领域有很多消极的品质，不为大众所接受，甚至令人讨厌。我想广大母亲都不愿意看到自己的孩子今后的人生出现这样的局面。

家有男孩，父亲应是孩子教育的主要角色；家有女孩，母亲应该是孩子教育的主要角色，阴阳平衡，父母两个人的教育都不可少，这样教育环境下的孩子，心理要健康很多，这对孩子今后踏入社会，生活、交往、工作是很有积极意义的。

金钥匙

（1）家长要重视男孩子的女性化倾向。

1）在发现孩子有女性化倾向后，不要急躁，认真分析孩子的言行。因为多数孩子并不能意识到自己的动作、语言有性别差异，如果盲目地加以指责，或者当面给孩子下一个“女性化”的断论，是会伤及孩子的自尊的。“女性化”的产生，大多是因为人际关系发生障碍、角色紧张造成的。这些男孩或许因为多次受到同龄男孩的排斥，或许在交往过程中自信心不足，或许从小就从未有过刚性表现，或许觉得与女孩交往更轻松自如等原因，导致意念飘忽，不能自主，从而潜意识里拒绝性别的规范要求。因此，若武断行事，往往会适得其反。

2）男孩女性化在性格上多表现为腼腆、不自信。因此，培养进而增强他的自信心、自主及自立能力是非常必要的。可以让孩子在游戏中、在障碍中、在刻意创造的情境中、在活动中体验男子的阳刚之气。如踢足球、骑马、练哑铃等都是比较好的活动。

3）注意营造生活氛围，通过对孩子进行心理暗示。如帮助孩子选取一些图片、画像贴在孩子的房间、床头。另外，让孩子结交一些男子气概十足的同学、朋友，潜移默化会比简单说教要好。

4）培养孩子的男性品格。适时地、经常性地在孩子面前提起那些颇具性格震撼力的人或事件，在孩子的意识中逐步强化男性品格及行为规范，如有必要，可以培养偶像崇拜，甚至性格崇拜、品格崇拜。

5）赞美和强化孩子身上那些具有男性特征的言行。“女性化”的产生，多是因为人际关系发生障碍，角色紧张造成的。由于从小就鲜有男孩刚性的表现，又感觉在男孩面前没有自信，与女孩交往更加轻松自如，所以，“女性化”更舒服，孩子更容易从潜意识里拒绝性别规范。家长应该在生活和学习中，注意赞美和强化他身上那些具有男性特征的言行，哪怕是很微不足道的事情。还可以有意识地鼓励他多参加一些具有鲜明男性特征的文体活动，增强男性的自信，体验男性的快乐。

家长还可以通过营造生活氛围对孩子进行心理暗示。选取一些充满阳刚之气的图片画像，贴在孩子的房间、床头，进行潜移默化。还可以有意识地让孩子多和亲朋好友中男人味很浓的长辈接触，并进行模仿。还应该鼓励他多与男子气概十足的同学、朋友交往，逐步强化孩子的男性品格及行为规范。

（2）家长要重视父亲的角色作用。父爱与母爱在家庭教育中有着同等重要的作用，父爱所给予孩子的坚强、刚毅、大度、宽容、幽默等心理影响，是母爱所不能替代的。如孩子每次考试结束后，母亲关心的往往是分数，是孩子在班里的名次；父亲关心的则是孩子的考试水平，有没有受到紧张心理影响。孩子考得不理想时，母亲常常要孩子缩减游戏活动时间，将精力更多地投入到功课上；父亲则建议孩子暂时通过游戏来释放自己沮丧的心理，而后者往往能取得较好的教育效果。

跟父亲亲近的孩子一般懂得对别人的隐私敬而远之，认为好孩子从不该“耳朵软”“嘴巴长”，相反，一些在素质不高的“姨妈”堆里长大的孩子，往往从小就成了“家长里短的传声筒”。这种坏毛病，很可能对他日后的交友及信用产生不良影响。据一项对学生的测验表明：从小受父亲影响的孩子，一般都自信、幽默、承受挫折力强。可见，在一个正常的家庭里，父亲的教育方式虽各有风格，但却不能否认在儿女成长中的巨大作用。“恋母情结”有一定的“黏合力”，母子难分难解，在实际生活中要因人而异，青少年要形成独立的习惯。

44. 溺爱不是教育

心理咨询师：在心理门诊，一位母亲来找我们为她的儿子咨询，她说，班主任又打来电话，要她到学校处理她儿子的问题，原来她儿子在班上打架，现在不知去向。母亲对我们讲，她和孩子爸从没亏待过孩子，穿的是名牌，手机是名牌，一个月消费几百元，他们都满足了他的要求，原以为孩子在学校读好书，能考上个好高中，为父母争光，但他们感到很失望。咨询中得知，这个孩子学习成绩不好，父母文化素质都不高，问他们平常都是用什么办法在教育儿子，她笑笑，除了物质上特别关照外，也没什么其他办法。其实，类似这样的父母还有很多，为什么会这样?

案例分析

现在很多家庭，父母对孩子可谓关怀得无微不至，要钱给钱、要物给物，很多读中学的孩子，父母都给他们配了手机，父母的意愿虽然是很美好的，希望孩子读好书，将来考上一个好的大学，能过上幸福的生活。但我们在长期的心理咨询中发现，很多青少年厌学、逃学、网瘾、心理问题成堆，都与父母的溺爱有关。其原因如下：

（1）父母教育知识贫乏。很多父母仅初中文化就踏入社会，开始工作，现在的青少年，其心理变化快，日趋复杂，父母的那点教育知识不能适应现代教育的需要。他们以为，让孩子吃好、穿好、用好，嘱咐孩子好好学习，这就是教育，其实这是错误的。

（2）自身阴影对孩子的影响。由于父母小时候受过重重磨难，他们希望自己的后代能生活得舒适、幸福，这是一种“愿望的满足”，所以特别溺爱孩子。

（3）来自周围和社会的影响。现在大多数家庭都是一个孩子，一般家庭都能满足孩子的物质需求，加之周围的父母都是这么“关心”孩子的，自己也不应该有什么区别。

过分溺爱孩子，很容易导致孩子一系列心理问题，不利于孩子今后的成长和发展，溺爱的危害表现在以下几个方面：

（1）孩子容易形成自我的个性。这样的孩子往往从自己的角度和利益出发看待问题，认为自己总是对的，别人总是错的，这样的孩子一般处理人际关系自私自利，与人合作精神较差。

（2）挫折承受力差。这样的孩子从小在温室里长大，很少或从来没有经历过挫折，一旦遇到挫折，他们就会觉得天塌下来一般，前途一片漆黑，有的青少年甚至为此轻生。

（3）目光短浅，不思进取。溺爱中长大的孩子，由于很难体验到生活的艰辛，他们往往自以为是，知足而乐，一旦感到学习压力大，学习苦，他们就打退堂鼓，就变得消极悲观，甚至厌学。

溺爱不是教育。父母应该多学些现代教育知识，用科学的教育观来武装自己，然后再去教育孩子，只有这样，才会使孩子心灵健康地成长。

金钥匙

（1）家长要重视孩子自我个性过强的改变。

1）改善“过保护”的养育环境，建立健康的家庭关系。家长应自觉地抛弃“过保护”的行为方式，在满足孩子正常需求的同时，注意培养孩子的独立性，因此，父母必须要克制自己，不要稍有危险，就想去帮孩子。不要一看到孩子有困难，就想插手帮忙。因此，无论什么事情，父母都要让孩子自己去做。即使有危险，或者会失败，父母也不要帮忙。让孩子自己在生活中奋斗，从而学会独立自主。

2）克服自我倾向的关键在于改变自己的认知。人际交往讲求平等互惠的原则，希望别人对自己好，那么自己也应该有相应的付出；希望别人尊重你，那么你也应当尊重别人。如果在交往中只是为了满足自己，处处维护自己的自尊，最终只会失去朋友，将自己与他人隔离开来。

3）接受批评，转变态度。自我的致命弱点之一是不愿接受别人的善意批评，不愿意转变自己的态度。接受批评并不是要完全服从他人，而是能接受别人正确的意见。

4）了解自己，了解他人。自我者之所以固执己见，不关心他人，是因为他们既没有真正认识自己，也没有真正了解别人。人的自我意识主要来自别人的评价，自我者如果能把别人作为一面镜子来映射自己，从别人的评价中认识自己，又能抛开偏见去认识别人，就会逐步摆脱自我的个性。

5）加强自我修养，充分认识到自我的不现实性、不合理性及危害性。学会控制自我的欲望与言行，把自我利益的满足建立在合情合理、不损害他人的基础之上。

（2）家长要重视对孩子的挫折教育。

1）教育孩子遇到挫折时要学会冷静。冷静，是我们遇到挫折时首先要学会的第一件事，很多人一遇到挫折或者不如意时，往往都会表现得很冲动和急躁，甚至对身边的人发脾气，这样不但不利于解决问题，还会将问题严重化。

2）教育孩子遇到挫折时不要抱怨。很多人在遇到挫折时，总是不停地抱怨，这些抱怨都是于事无补的，还不如想办法去解决问题更好。

3）教育孩子遇到挫折时要避免消极。有些人遇到挫折时虽然没有表现得很急躁、冲动和抱怨，看起来很平静，其实已经是心灰意冷了，觉得自己没有关系，没有资源，不可能会成功，不管多努力到头来也是白费心机。一旦有这种消极想法，一定要杜绝。

4）教育孩子遇到挫折时不要逃避。选择逃避，这是大部分人遇到挫折时的第一想法，肯定没有人会喜欢挫折，面对挫折，逃离得越远越好，虽然说逃避也算是面对挫折的一种方式，但绝对不是最好的方式。

（3）家长要重视孩子意志力的培养。

1）坚定的信心，产生毅力。一个人对自己的事业充满信心，就会努力奋斗，会积极地克服困难，战胜失败。这是信心在其中所起的作用。因此要有毅力，一定要培养信心，若信心不足，遇到困难、挫折和失败，就很容易退缩。

2）强烈的愿望，产生毅力。愿望是人们行动的出发点，一切活动都源于愿望。愿望有强有弱，弱小的愿望很容易被生活的风浪所毁灭，行动没有毅力。强烈的愿望则能抵挡生活的风浪。要成功，必须有强烈的成功愿望，这样行动才会产生顽强的毅力。

3）明确的目标，有助于产生顽强的毅力。目标明确，人们的行动才会有方向，目标才会产生强大而又稳定的吸引力。有些人虽然有财富的愿望，成就的愿望，但缺乏明确的目标来表达这种愿望，体现这种愿望，从而不能产生有效的吸引力，不能使思想、行动集中在固定的目标上，工作的效率很低，时间一长，很容易使人丧失毅力，丧失信心。明确、具体的目标，可以增强人的毅力，这主要是由行动的效率和目标的吸引力产生的。

45. 父母的教育学素质有待提高

心理咨询师：在心理门诊，我们经常接待满脸无奈既着急又痛苦的父母，孩子上网成瘾，甚至逃学、混网吧，父母既打又骂，但依旧无法使孩子回心转意；孩子厌学，成绩一落千丈，父母苦口婆心，甚至威胁，可孩子依然我行我素；孩子早恋，成绩一降再降，父母采取各种手段制止，但孩子恋情依旧，父母着急万分！

案例分析

孩子的很多心理问题和不良习惯，都与家庭环境有很大关系。有些家长的素质不高，面对孩子日益变化的心理状态和行为，他们没有办法，教育孩子不知从何入手。有的父母干脆不管孩子，把教育的责任完全推给学校，直到孩子出事了，他们才意识到问题的严重性，才开始醒悟，但为时已晚。

孩子的教育并不仅仅是学校的事，也不仅仅是社会的事，父母是孩子教育的主体，是最关键的人物。很多父母忙于工作，根本没有精力去教育孩子。而且有些父母认为教育很简单，认为打骂孩子就是教育。这些都是错误的。父母素质不高，对孩子的消极影响很大，表现在以下两个方面：

（1）很多父母只有高中文化或初中文化，他们教育孩子的方式大都是道听途说，如罚跪、拉耳朵、用脏话辱骂等，在这种教育环境里长大的孩子自信心不强，随着孩子年龄的增长，心理问题也会越来越多。导致有的孩子逃学、泡网吧来消磨时光。

（2）有的父母由于自身文化素质低，平时就通过打麻将等赌博形式来消遣，处理问题也是打打闹闹，孩子厌烦这样的家庭环境。

在这样的环境里长大的孩子，自卑的多，具有攻击性的多，他们的心理素质和情商普遍偏低，经常逃学，不爱学习。

提高父母素质是孩子健康成长的关键，社会应该广泛开设一些家长学校，让家长学习一些教育知识，真正承担起教育孩子的责任。

金钥匙

（1）父母在家庭驾驭中，要让孩子学会学习，学会做事，学会与人相处，学会生存，这也是家庭教育的 4 个支柱。

学会学习，在学会学习的过程中，对青少年而言，学习兴趣的培养最重要。学会学习就是让孩子爱上学习，孩子一旦在学习中感觉痛苦，就会产生不愉快的情绪体验，如果每次能让他的学习感觉特别愉快，那么他会觉得学习是一件很有趣味的事，所以，不主张学习难度越深越好，适度的学习才能让孩子在学习中有成功的喜悦和满足。兴趣最重要，要使孩子永远保持学习的兴趣，建立健康的动机系统，他才有动力不断地去探求知识，所以，学会学习对孩子而言最重要的是兴趣的培养。

学会做事，要让孩子从小学会独立地做事，在现实生活中，我们都不愿让孩子犯错误，其实，有矛盾才有发展，有冲突，才能有进步，要给孩子空间，让他认识到自己的错误，学会自己修正错误，然后主动成长。家长不要一对一地看着孩子，要给孩子一些选择与辨析的机会。

学会与人相处，要让孩子真实地交往，反复地练习交往技能，在交往中慢慢地学习交往技巧。分寸难以把握，没有真实的交往经历，永远无法学会真实的交往技巧。别怕孩子吃亏，吃亏是福。

学会生存，当我们学会学习、学会做事、学会与人相处之后，自然就能够在未来社会中积极地生存。

家长态度要放松，给孩子的环境要宽松，规则与原则性坚持不放，这种家庭模式最有利于孩子成长，叫作民主型的家庭，民主不是放任，民主是既宽松又有原则。家长一定要有反思与批判的精神，现在社会上各种各样的书籍，各种各样的讲座很多，家长若不善于思考、不善于反思，甚至不善于批判，就会一直跟风，今天听这个人讲得有道理，明天听那个人讲得也有道理，而且你在信息面前的不确定对孩子的影响也会很大。

（2）父母在家庭教育中，要遵循家庭教育的原则。

平等原则。孩子与父母平等地争辩，不仅是互爱的一种体现，而且能够帮助孩子树立信心，明辨是非，丰富想象力和创造力。要把孩子放在与自己平等的角度上看待。

尊重原则。尊重是相互的，家长尊重孩子，孩子才会尊重家长。

交流原则。孩子的成长不仅有物质的需求，也有精神、情感的需求。如果家长忽略孩子的精神、情感需求，孩子和家长就无法沟通。长期这样，孩子和家长相处会变得越来越尴尬。

自由原则。很多家长把孩子管得很严，往往吃力不讨好，甚至引起悲剧。应相信孩子的能力，给孩子一个自由发展的空间。

统一原则。家庭教育要和学校统一，否则孩子无所适从。

榜样原则。家长是孩子第一个模仿的对象，家长一定要做好榜样，做好表率。

信任原则。谎言是从不信任中产生的。如果你在孩子小时候就很信任他（她），孩子就没有说谎的必要。

宽容原则。人非圣贤，孰能无过？孩子在成长的过程中，犯错误是正常的。家长应该宽容地对待，做好引导工作。

鼓励原则。许多家长有个坏习惯，不懂得鼓励，在孩子取得良好成绩的时候，可能是随意的一两句话就带过了。在家庭生活中，应该多鼓励孩子。

46. 对孩子太严不利于他们健康成长

心理咨询师：在心理门诊中，我们曾接待过很多患强迫人格障碍和强迫症的青少年求助者，这类人过分认真，过分注意细节，责任心过强，为自己建立严格的标准，他们在思想上呆板、保守，在行动上拘谨、小心翼翼，自我怀疑，担心达不到要求而使神经处于焦虑和紧张状态，得不到松弛，过分地注重学习，怕犯错误，遇事优柔寡断，难以做出决定。这样的心理状态，不仅孩子烦恼，家长更着急，但是，家长又不知如何帮助孩子，于是求助于心理咨询师。

案例分析

喜欢玩耍，甚至有点调皮，这是孩子的天性和特点，但家长剥夺孩子的天性，要孩子规规矩矩地生活和读书，这对孩子今后的人生肯定是不利的，在孩子成年后会表现出一系列的心理问题。

这类人大多有强迫人格，这种人格的形成与他们小时候遭受严厉的家教和管束有关。很多父母并不明白不良教育对孩子的危害影响，等这些父母醒悟过来，自己的孩子已经是成年人了，再后悔也来不及了。强迫症患者，有人给他们取了一个绰号，叫“鬼难缠”，非常不好治疗。

有的父母小时候教育孩子，严厉到甚至限制孩子的人身自由，这样的孩子在中学时代就会表现出心理问题，如内向、孤僻、不喜欢人际交往，甚至不会与同学交流，他们痛苦、不快乐，因为他们没有朋友。如果在他们成年后踏入社会，还不会人际交往，不善与人交流，那他一定是一个非常苦恼的人。

教育是一门学问，任何父母都有能力生孩子，但并不是所有的父母都有能力教育好自己的孩子。因此，希望广大家长多看些青少年心理学和青少年教育学的书籍，用科学的方法去教育孩子。

金钥匙

（1）要做民主型家长。

亲子关系的类型主要可分为以下四种：

1）专制型。这类父母有一个顽固的观点是：孩子是我的，我有随意对待孩子的权利。他们通常把自己所有的价值观强加给子女，按照传统的家规约束子女，采取“我父亲怎样对我，我就怎样对你”的教育方式，不尊重子女的选择自由。这种与子女相处的类型在各种人群都存在，包括农民、工人、知识分子。在这种亲子关系下成长的孩子，容易产生叛逆心理，做出父母意料不到的事。

2）泛爱型。现在的独生子女家庭中，这类亲子关系较为突出，具体表现为：对孩子过度保护或做较多的限制。如不让孩子外出、不让孩子和他人交往、不让孩子独立地从事一切力所能及的活动，其结果使孩子形成胆小怕事、抑郁的个性。不论孩子做什么都完全赞赏，父母只是对孩子予以赞赏，很少对其做出是非评价。这样就会出现孩子做出正确的行为，父母给予鼓励和赞赏，做出错误的行为家长也同样给予鼓励和赞赏，因此孩子无法形成是非观和价值观，这不利于孩子个性品质的形成，而且易于使孩子形成蛮不讲理、表现出强烈的攻击性的特点。

3）民主型。父母尊重子女的愿望，但也不是没有原则。父母处理问题是采取聊天等平等的讨论方式解决有争议的问题，给予孩子独立的空间。这种亲子关系中的孩子，比较独立、和善、易融入社会。

4）非正常性。父母离异、有继父、继母抚养或隔代扶养的情况。这种情况在经济发达的地区相当普遍。这些孩子往往偏向于恶意的高消费，把快乐建立在消费上，感情冷漠、仇视社会、性格孤僻。

做民主型家长，更有利于孩子的健康成长。

（2）家长要学会与孩子进行积极有效的沟通。

1）父母要以民主、理解的态度和方式与孩子接触。任何粗暴、强制、自己说了算的父母，是很难与孩子沟通的。虽然孩子表面点头称是，照抄照搬，但内心是反感、甚至是对抗的，心里话也不会对父母说。如果父母以商量、协商和理解的态度对待孩子，那么他们会很乐意与父母和老师沟通的，做一个民主型的父母与一个人的个性、涵养、文化程度等有着密切关系。脾气暴躁的父母，他们的孩子往往也是如此。因此，父母也要时时约束自己，对待孩子要民主、宽容和关爱。

2）父母对待孩子的态度应与小学生有所区别。很多父母和老师认为中学生也是孩子，总以大人的口吻对待中学生，甚至是命令式的。这是已具有成人意识的中学生所反感的。中学生渴望父母和老师能理解、尊重他们。如果父母和老师做不到这一点，那沟通将是很困难的。沟通就如渠道里的水，排除障碍，水到渠成。如果父母和老师把中学生当成成人看待，总是以商量的口气与他们谈论事情，这就容易沟通成功。

3）尽量满足孩子的合理要求。很多父母很反感孩子要这要那。有的父母更干脆，除了学习用品，其他一概不考虑。其实，一个孩子能不能快乐成长，与很多因素有关，如兴趣、友谊等。满足孩子的合理要求，会使孩子认为父母是通情达理、平易近人的，是容易交流的，这会缩短彼此的距离，达到沟通的目的。

4）依靠第三者作为传声筒，进行沟通。对于一些关系很僵或不容易沟通的情况，父母可通过第三者，或学生所尊敬的人物或学生喜欢接近的人物，委托他传达一些信息，来消除彼此的误解和不满，表达父母和老师的愿望和对学生的殷切希望，这种通过第三者的沟通，是学生比较容易接受的。

47. 父母的不良嗜好对孩子的影响

心理咨询师：在每年的中考生心理援助活动中，经常有老师向我们求助，说他们班上有几个学生很不好教育，这样的学生不是学习成绩差，就是厌学，要不就是经常逃学，在社会上瞎溜达。老师既担心这样的学生影响其他同学学习和中考，又担心他们在校外出事，我们询问这些孩子的家庭情况得知，他们的家长整天游手好闲、无所事事，终日搓麻将赌博、三五成群地喝酒，一起侃大山，总之，都没有人生抱负。对这样的孩子进行心理辅导，有一定难度。

案例分析

儿童和少年，他们的模仿力是相当强的，孩子的成长需要榜样。俗话说：龙生龙，凤生凤，老鼠的儿子打地洞，虽然这句话有歧视之嫌，但不无道理。如果父母得过且过，那他们的孩子也会是得过且过，如果父母没有追求，终日游手好闲，他们的孩子也就好不到哪里去。

父母在孩子心目中没有威信，对孩子的说教就不管用，孩子也听不进去。父母的不良嗜好会潜移默化地影响孩子，最终使孩子养成一些不良习惯。

我在中学给学生做心理辅导，接待了很多老师认为难教的孩子，询问得知，他们的父母要么文化程度很低，要么很辛苦地在社会上打工，根本没有时间管教孩子。不过这样的父母还是明白：再苦也不能苦孩子。就是不明白如何教育自己的孩子。一旦发现孩子逃学，他们的教育就是传统式的：棍棒打，鞭子抽，要么就是跪搓衣板等。还振振有词地说："我的孩子，我想怎样就怎样，你管得着吗！"很多经常遭父亲暴打的孩子，也有暴力倾向，他们经常以欺负弱小的学生、虐待动物、纵火为乐，这都是心理不健康的表现。

金钥匙

家长的不良嗜好会对孩子的身心健康和人格发展带来很大的消极影响，会使孩子产生心理阴影，因此，应该学做一个好家长。

（1）要以身作则。一个好家长要为孩子树立榜样作用，每一位家长都希望自己的孩子讨人喜欢，因此家长就需要注意自己的言行，因为孩子说话做事的方式都是受父母熏陶的，所以说家长做了好榜样，孩子的品质就不用担心了。

（2）要学会关怀孩子。关怀孩子不是宠爱孩子，家长宠孩子要有一个度，宠爱孩子有可能会发展成溺爱，而溺爱孩子对孩子的成长是极为不利的，所以说，要对孩子多一些关怀，可以使孩子健康地成长。

（3）要教会孩子独立。孩子总要进入社会的，我们不可能每一件事都给孩子做好，孩子需要学会如何生活，所以平时可以教孩子洗衣、做饭，告诉他自己的衣服要自己洗，不要让孩子长大后生活还不能自理。

（4）要给孩子创造一个好的学习环境。在家里要营造一个良好的学习氛围，让孩子在家里可以专心学习不受打扰，孩子学习的时候家长不要在家里玩游戏或者打牌影响孩子学习。

（5）要多和孩子沟通。或许家长在平时都有自己的工作要忙，但是孩子的成长不能缺少家长的陪伴，家长应该在闲暇时间多与孩子进行沟通，了解孩子在学习、生活中的困难，帮助孩子解决问题，最好每周都有和孩子沟通交流的机会。

（6）要多和老师沟通。只和孩子沟通并不能全面地了解孩子在学校的情况，还需要多和老师沟通，了解孩子在学校的情况，然后有针对性地对孩子进行教育。

（7）要学会鼓励孩子。好孩子都是夸出来的，多给孩子一些鼓励孩子学习就会有动力，做事情就会有劲头，因此，家长经常夸一夸孩子，给孩子一些鼓励是有好处的。

（8）家长不要在外人面前教训孩子。孩子都有自尊心，如果父母在外人面前教训了他，会让孩子自尊心受损，感到很没有面子，会对孩子的心理造成不利的影响。

（9）要督促孩子学习。有的孩子一放学就看电视、出去玩、打游戏等，也不写作业，这都是家长的错，作为家长要督促孩子写作业，让孩子养成先学习再玩耍的好习惯。

（10）不能在孩子面前吵架。家庭是孩子成长的摇篮，一个好的家庭环境会给孩子一个健康的身心，而父母经常吵架的家庭的孩子大多不合群，有抑郁倾向，因此负责任的家长需要为孩子营造一个和睦的家庭环境。

48. 家长如何与孩子进行有效的沟通

心理咨询师：在心理门诊中，经常有些母亲因为孩子厌学、逃学和网瘾，而向我们进行咨询和求助，咨询得知，这样的家庭有一个共同特点，父母都忙于自己的工作和生意，很少过问孩子的学习和生活，与孩子之间的交流、沟通时间也少得可怜。有位母亲前后半年两次找我为他的儿子咨询，因为她实在想不出什么办法来教育她的孩子。这位母亲在孩子 3 岁时，与丈夫离异，现在又再婚，孩子在外公家生活。孩子经常逃学，因为经常有些社会上的小兄弟找他玩，母亲和学校加强了对孩子的管教，仍无济于事，只要有机会，孩子就跑出校园。后来，母亲观察，孩子大部分时间都是在网吧度过的。为了防止孩子逃学，在社会上出事，母亲买回了电脑，让他在家玩电脑。第二次咨询，是因为她儿子不愿读书了，孩子今年就要中考了，不读书，以后怎么办呢？孩子常与母亲在一起，与父亲沟通得少。

案例分析

父母与孩子之间不经常沟通，很容易导致孩子产生一些心理问题，表现在以下几个方面：

（1）孩子变得内向、孤僻。亲子沟通少的家庭，主要是单亲家庭或父母在外打工，或父母长年出差在外，孩子由爷爷奶奶带着。由于缺乏来自双亲的温暖，孩子自觉低人一等，不愿意与同学交流和交往。久而久之，孩子就变得越来越内向。

（2）同学之间人际关系差。亲子之间缺乏沟通，孩子情绪会很不稳定，甚至脾气暴躁，常会为一些小事与同学吵架，甚至大打出手，久而久之，同学们就不多愿意与他交往了。

经常与孩子进行沟通，有利于孩子良好性格的形成，同时，能加深孩子对亲情的认识，培养孩子的爱心和责任感。因此，父母应抽出时间主动与孩子进行交流，不能只顾忙自己的事而冷落孩子。

现代社会竞争日趋激烈，市场经济瞬息万变，人人都有危机感。由于很多父母都在为工作和生计奔波，很难有时间静下心来与孩子交心谈心。老师课多，家庭负担重，也不可能有很多时间与每一个学生谈心。加之学生正处于青春期，成人意识浓，逆反心理强。因此，父母很难与学生沟通，而不能沟通又怎样教育好学生呢，因此，如何沟通将直接影响教育的效果。

金钥匙

（1）父母要以民主的态度和方式与孩子接触。任何粗暴、强制、自己说了算的父母和老师，是很难与学生沟通的。虽然学生表面点头称是，照抄照搬，但内心是反感，甚至是对抗的，心里话也不会对父母说的。但父母和老师以协商、理解的态度对待孩子，他们很乐意与父母交心、谈心，很容易沟通。做一个民主型的父母和老师与一个人的个性、涵养、文化程度等有着密切关系。很多脾气暴躁的父母，他们的孩子往往也是如此，因此，父母也要时时约束自己，对待孩子要民主、宽容和关爱。

（2）营造一个和谐美满的家庭氛围。家庭成员之间应相互尊重、理解、信任和关心。子女从父母那里获取最温柔、最纯洁无私的母爱和既严格又起着榜样示范作用的父爱，感受到家庭的温暖，感受到父母教育的力量，从而产生稳定感和安全感，有助于形成独立、乐观、自信的个性；子女对父母关爱的体验促使他们健康成长，孩子纯洁的心灵中也会逐渐生出爱的幼苗，从小爱父母、爱家庭，在学校中爱伙伴、爱集体，将来爱人民、爱祖国，成为有爱心、有责任感的青年。父母应努力创造一个和谐美满的家庭氛围，使孩子对自己的家庭有自豪感、愉快感、安全感，对自己的前途充满信心。

（3）创造一个良好的学习环境。在校学生有 2/3 的时间是在家庭中度过的。家长给孩子提供一个安静、整洁、舒适的环境，是非常必要的，这既可满足他们的心理需要，也便于学习。为增强学习气氛，家长和孩子还可以在墙上布置些激励学习的字画条幅、学习计划、课程表等。为创造清新浓郁的文化气息和高雅优美的艺术氛围，可设置家庭图书角，收看内容健康有益的电视节目，传播准确科学的资料信息等，给孩子以健康的熏陶和影响。

家长不要轻易打断孩子的学习，我们常看到这种情况：孩子在学习时，家长在一旁唠唠叨叨，教导不止，还自以为在督促孩子。

殊不知，这种教育方式不仅破坏了安静的学习环境，更不利的是孩子会因此产生厌烦情绪，影响以后家长的说服教育效果。还有的好心家长在孩子做功课时，喜欢给孩子送吃的、送喝的，以为这样可以补充营养，提高学习效率。其实，这不仅打断了孩子的学习思路，而且孩子专心致志的学习习惯也会在娇惯中给“吃”没了。

（4）要避免不顾孩子的实际情况，对子女管教过多，监督过多，尤其是对子女教育上的要求过多。事实上，每个人的天赋和成长环境不同，实在无法处处都顶尖拔萃。作为家长，知道自己的孩子在某一方面比不上别人，当然不是一件愉快的事。但若再逼他，他只会更沮丧而已，退而求其次，让他成为一个守本分而有信心的快乐的人，实在比让他成为一个压抑、自卑的人要好得多。家长要根据孩子的实际情况，指导他制订切实可行的计划，使其学习成绩逐步提高，让孩子从中体味学习的乐趣，增强自信心，这无论是对当前的学习，还是对将来的处事做人都极有好处。实事求是，是为人之道，也是家教之道。此外还要注意发挥家长的榜样作用，在工作之余，家长钻研业务，或通过读书、看报等不断提高自己的文化水平，不仅有益于自己，同时也有益于孩子。这不仅可以丰富自己的知识储备，适应越来越激烈的社会竞争，同时也给家庭营造了一种好学、向上的氛围，为孩子的学习带来促动力。

（5）尊重、理解和信任孩子。没有对孩子的尊重，家长和孩子之间就谈不上建立良好的关系。对于家长来说，要尊重孩子发展的多样性、差异性，尊重孩子的人格，尊重孩子的想法，不要总是本着“你是孩子就要听话”这种僵化的思维来考虑问题，甚至任意打骂、体罚孩子，完全把孩子视作家长的附属品。在生活中，家长可以充分利用表情和身体语言表达对孩子的尊重，诸如面带微笑地和孩子谈话，尝试着和孩子共同探讨问题，这些看似不起眼的举动，都会使孩子感受到家长的尊重。当孩子感受到家长对自己是尊重的，他们就会从心理上拉近与家长之间的距离，这样就会使得双方的关系处于一种良好的互动状态。家庭教育中最忌讳的就是家长总是摆出一副“家道尊严”的面孔，对孩子进行简单的说教。有些孩子逆反心理强，对此很容易产生对立情绪，从而造成与家长关系紧张的局面。

家长只有充分理解孩子，才能针对孩子所出现的问题，对症下药，而不是总拿“一岁孩子的衣服去给五岁的孩子穿”。家长应该尝试以孩子的视角去看周围的世界，用孩子的思维方式去思考问题，在充分理解孩子的基础上，加强对孩子的教育。

家长应该相信自己的孩子，相信他们的能力，相信他们的勇气，相信他们的智慧。家长可以在适当的情况下放手让孩子去做他们力所能及的事，诸如打扫卫生、叠被子、洗碗，甚至可以“创设”各种情景“放”孩子去探索，锻炼他们的能力。

（6）营造言传身教的氛围。家长的人格、品德、学识、情感，都对孩子起着潜移默化的影响。家长应完善自身人格，对子女的教育不仅要言传，更要身教。父母应做到乐观进取、勤奋学习、努力工作、热爱生活、情趣高尚（如看书、旅游、帮助他人），营造言传身教的氛围。

（7）依靠第三者作为传声筒，进行沟通。对于一些关系很僵或不容易沟通的情况，父母和老师可通过第三者或学生所尊敬的人物或学生喜欢接近的人物，委托他传达一些信息，来消除彼此的误解和不满，表达父母和老师的善良愿望和对学生的殷切希望，这种通过第三者的沟通，是学生比较容易接受的。

49. 家长要多给孩子一些信任

心理咨询师：在心理门诊，我们经常接到一些中考生家长的求助，一位中考生家长对我们说，她与女儿的关系很紧张。母亲特别喜欢唠叨，孩子很厌烦，有一次母亲说女儿："你再不听我的，就给我滚。"孩子就真的离家出走了，一夜没有回家，母亲快急死了，学校、同学家，能找的地方都找了，最后，母亲求助于警察，总算是把孩子找回来了。但是，自从这件事情发生后，孩子变了，以前孩子学习很好，现在成绩下滑。中考的时候，没有考上本市的高中，去读了中专。读中专时，孩子住校，母亲经常去学校查看孩子是不是在学校读书。母女关系越来越僵，母亲很着急，最后来到了心理门诊，求助于心理咨询师。

案例分析

信任是相信而敢于托付，是人与人之间的一种道德关系。父母和老师为什么要给学生一些信任呢？信任学生有何意义呢？

正处在青春期的中学生，成人意识强，而且敏感，学生开始与父母疏远，而且逆反心理强。很多问题处理不当就容易激发矛盾，如不信任孩子就是如此。不信任，就会引起反感，经常不信任孩子，一方面会导致学生自暴自弃，另一方面，会使父母与子女亲情淡漠，使孩子感受不到家庭的温暖，一些孩子离家出走，甚至走上了犯罪的道路。

不信任孩子所导致的矛盾激化在孩子早恋方面表现得尤为明显。看到异性同学给自己的孩子递纸条和信，有些父母就如临大敌，甚至惊慌失措，他们不问青红皂白，各打三十大板，先给孩子来一个下马威。孩子感到很委屈，有些本是正常交往，并不是恋爱，孩子就更委屈了。很多少男少女就是不堪忍受老师和父母的不公正待遇和折磨，双双出走的。信任学生，妥善处理与学生的关系非常重要。

金钥匙

（1）该放手的就放手，让学生自己去独立完成任务。有些老师由于不太信任学生，本来这个学生可以去完成的，偏要那个他信任的学生去做，给果伤害了这个学生的自尊心，打击了他的积极性，这很容易导致学生逆反心理的产生和自暴自弃。

有的家长也是这样，本来学生要钱是去买学习资料，但家长就是不相信，就是不给，结果造成学生与父母关系紧张和疏远。

信任学生会使规矩的学生更规矩自觉，以前不规矩的学生，开始严格要求自己，约束自己。

（2）学生犯了错误不可体罚、讽刺和挖苦，要相信学生会改正，会改好。科学家钱学森曾说：“正确的结果，是从大量错误中得出来的，没有大量错误做台阶，也就登不上最后正确结果的高度。”学生犯了错误不要紧，要紧的是他们能否从中吸取教训。因此，作为老师和家长，要善于去引导学生，从学生的角度去理解他们。

（3）不要随便猜疑学生。猜疑是一种毒瘤。老师和家长随便猜疑学生，会极大地伤害学生的自尊心，严重的会造成师生或亲子关系破裂，这不利于学生人格的健康发展。中学生的认知水平远不如成年人，他们喜欢正激励和信任，往往不能正确地对待批评和猜疑，认为那有损于自尊心，是恶意的。因此，信任学生是教育学生的前提。

（4）对待正处于青春期的学生的情感问题，老师和家长不要谈虎色变、大惊小怪，生怕学生“一失足成千古恨”。男女学生交往是正常的，不要动不动就扣上早恋的帽子。就是学生有早恋现象，也千万不要压制，搞“一刀切”，要引导学生正确地对待早恋，对待男女关系，要相信学生能处理好个人的情感问题。

50. 如何引导孩子辨别真、善、美

心理咨询师：在心理门诊，我们经常接到一些学生家长的求助，如孩子爱打架，遭学校处分；孩子爱攀比，只穿名牌；孩子厌学，认为读书没有多大用处等，家长也不知道该怎么办。咨询后得知，原来家长对孩子的教育出现了问题，如一个男孩总爱打架，原因是孩子经常受人欺负，回家告诉父亲，父亲却说，别人打你，你就强有力回击，直到打赢为止，最后，这个孩子就喜欢用拳头来解决问题；有的孩子厌学，是因为家长认为读书没有多大用处，还自豪地对孩子说，我没有读多少书，不照样当老板。家长对孩子的真、善、美对孩子的未来影响很大。

案例分析

真，是指人们对社会运动、变化、发展和客观事物自身的规律

性的正确认识和反映。善，是指人的实践活动或客观对象与一定社会阶级的目的相一致，是以自己所属阶级的利益为判断标准，凡符合本阶级利益的言行称为善；美，是指人们创造生活、改造世界的能力活动及其在现实中的实现或形象化，体现自然和社会的发展规律，是人的能力创造的结果。真是善的基础，美是善的具体形象，善又是真的价值表现和美的社会内容。真、善、美互相依托，互相联系，共同体现道德的价值，是同一客观对象密不可分的三个方面。凡是真的、善的，一定是美的。

引导学生辨别真、善、美，将有利于学生人格的健康发展，有利于他们高尚的人生观和价值观的形成，使他们少走弯路、错路，心灵更加纯洁，言行更文明，情感更积极，思想更健康。

金钥匙

（1）家长和老师可带学生参加丰富多彩的社会活动和劳动，在亲身经历中，对学生进行真、善、美的教育，并学会鉴别真、善、美。如参观历史博物馆、少年宫、劳教所，去植树造林，打扫街道卫生，为军烈属服务，当小交警等。让学生知道什么样的言行才是真、善、美，培养学生对社会、对他人的责任心、义务感和勤劳朴实的品德，提高他们对真、善、美的鉴赏能力。

（2）开展班会活动，让学生参加讨论，辩论什么是真、善、美。学生的世界观还没有形成，对真、善、美的鉴别难免会出现片面性，再加之学生来自不同的家庭，父母所受的教育和修养也参差不齐，对学生的影响也不一样，因此老师可通过班会讨论来正确引导学生。通过集体讨论，让学生明白父母娇惯孩子不是善，打扮得花枝招展并不是美的道理。

当学生鉴别正确时，应给予肯定和鼓励，当学生鉴别出现偏差时，不能求全责备，应与学生一起谈谈自己的看法和体会，支持学生去积极鉴别真、善、美。

（3）充分利用视影作品的优势来教育学生，辨别真、善、美。影视剧和文学都来源于生活，又高于生活，艺术形象都是感人至深的、有血有肉的个体。当学生看完这些健康的、积极的影视作品和文学作品后，就会产生强烈的情绪体验，受到潜移默化的影响，这种影响往往会产生巨大的精神力量。老师和父母要指导学生鉴别真与假、善与恶、美与丑，把学生的精神力量化作学习和为人民服务的动力，提高学生的学习水平。

51. 怎样对孩子进行家庭美育

心理咨询师：检察院的检察官经常邀请我们给未成年犯罪嫌疑人做心理评估，作为他们的量刑依据之一。一次，我的服务对象是一个穿着很时髦的青少年，他犯抢劫罪，这与印象中的抢劫犯相去甚远，他穿着时髦的衣服，戴着名表。我询问孩子的家长得知，原来孩子只要表现好，成绩有进步，家长就用物质来奖励孩子，如新衣服、新皮鞋、手表和手机等，慢慢地，孩子形成了一种观念：大人印象中的好孩子，必须是穿得好、用得好的人……因此，家庭美育教育对孩子的健康成长很重要。

案例分析

家庭美育教育就是家长对孩子进行审美的教育。美育是培养青少年具有正确的审美观点和鉴赏美、创造美的能力的教育。现在很多父母关心孩子的学习，很少对孩子进行审美教育，甚至还没意识到对孩子进行美育教育有什么作用。

自从有人类以来，人们就爱美、追求美，但是，人们对于美的感受和理解，因时代、民族、阶级影响的不同而有所不同，同时也与人的思想意识、文化修养和生活经验分不开。家庭美育的任务就是培养孩子有正确的、健康的审美观和趣味，教会孩子区别美与丑、善与恶、诚实与虚伪，把孩子引入崇高的精神境界，这对他的人格发展是至关重要的。

美育教育的重要性表现在以下几个方面：

（1）美育是建设社会主义物质文明和精神文明的需要。美育在我国古代早已存在。在奴隶社会，就出现了“礼”“乐”教育。孔子在2000多年前主张“兴于诗、立于礼、成于乐”。近代教育家蔡元培提出把美育和体育、智育、德育并列纳入教育方针，还主张“美育从胎教开始”。自中华人民共和国成立以来，我国教育中就提倡美育，20世纪60年代初曾对美学和美育展开了讨论。“十年动乱”后，又重新振兴美育，美育再度列为教育的重要内容。

美育的实施有助于形成整个社会的正确审美观，有助于良好风气和良好人际关系的形成并抵制陈腐风气。在两个文明建设中，应当从学龄前儿童开始加强美育，为他们日后形成正确的审美观和审美能力打好基础。

（2）美育是孩子全面发展教育的重要组成部分。通过美育培养孩子感受美、表现美、创造美的能力，是孩子全面发展教育的主要组成部分，美育不仅是一个独立成分，它对体智、德育还能起到催化作用。因为，美育是一种情感教育，具有以美育人，寓教于乐的特点，可以通过美的形象，唤起孩子情感的共鸣，使孩子在愉悦中，不知不觉地接受美的熏陶，获得知识，形成良好的品德习惯，使身心得到全面和谐的发展。

金钥匙

父母自身要有正确的审美观念。如果父母本身就是一个黑白颠倒、美丑不分的人，那么他的孩子则很难有正确的审美能力，因为"有其父，则必有其子"。我们在心理咨询中就曾接待过一个离婚的母亲，她带女儿前来咨询。女儿是一个嫉妒心强、自私、没有多少爱心的青少年，曾对本市电视台为一个患绝症的学生募捐的行为很不理解。我们在与母亲的交谈中，得知母亲曾遭受过感情挫折，对社会有一种冷漠和敌视心理，母亲的消极心态自然而然会影响到自己的女儿。

利用大自然的美去陶冶学生的情操，得到美的享受。有条件的家庭，有时间可以带孩子出去旅游，游览祖国的名胜古迹和风景区。自然的美会激发孩子的想象和对生活的热爱。同时要引导孩子，把自然美同人的创造联系起来，给孩子讲述秀丽的风景，有许多是经过人们的劳动创造出来的。培养孩子的爱国主义精神和对创造活动的向往。

在时间允许的情况下，也可鼓励孩子看一些优秀的文学作品，这也是对孩子进行家庭美育教育的一个好方法。有些孩子不爱阅读文学作品，文学知识也相当贫乏。这种情况应当引起家长的重视。没有对优秀文学作品的欣赏，就不可能有真正的艺术审美能力。父母可循序渐进，先让孩子阅读短篇，并写心得体会。文学作品不仅会让孩子得到美的享受，而且还会提高孩子对语文的兴趣。

52. 家长要多对孩子进行磨难教育

中考生家长：我是一个年轻的母亲，我很希望我的孩子今后有出息，能上大学。可现在他很娇气，什么事都要依他的。最近，我从报纸上看到要注重对孩子的磨难教育和挫折教育。请问什么是磨难教育和挫折教育？我们家现在经济条件不错，你不能说为了让孩子受教育，就让他去受苦受难吧！请心理老师给我一个圆满的解答！

案例分析

现在很多孩子，绝大多数是独生子女，父母娇纵，生怕他磕了、碰了、饿了、冻了。有的父母宁可省吃俭用，牺牲事业，也要让孩子过得舒服些，满足他们的一切需要，甚至是无理要求。可这样做的结果呢？孩子变得任性、固执、脆弱、自负、不懂礼貌，自己说了算。有一位年轻的妈妈伤心地对人说：我的女儿都上中学了，可对我一点也不关心。有一次我病了，卧床不起。她早上上学时，看到我病了，可下午放学回家，见我还躺在床上，就气呼呼地把书包一扔，冲我大叫："还不起床做饭，懒猪！"当时我听了心都碎了。正是基于以上诸方面原因，现在教育界一些有识之士，提出了磨难教育或挫折教育。

当然，教育人士所提出的磨难教育，并不是你所想象的那样，让孩子去受苦受难，受到教育。

金钥匙

（1）教育孩子要勤俭。现在，一些父母把对孩子的关爱扭曲成溺爱，而溺爱的一个突出表现就是给孩子高消费，如买铅笔刀就要300多元的。孩子要什么，就给他买什么，从不犹豫。其实，这并不是对孩子真正的爱，在这种氛围中长大的孩子很难有出息。因此，父母要教育孩子勤俭，不要一味地满足孩子的种种无理要求。勤俭的方式很多，穿一般的、普通的衣服，不要给孩子很多零用钱，生活上也不要大吃大喝，搞铺张浪费等。

（2）有时间，多带孩子到农村亲戚家转转，让他有机会更深入地了解农村的穷苦孩子，这样一对比，就会让孩子受到教育。也可以让孩子与贫困山区的孩子交朋友，一帮一。这样能使孩子变得有同情心和爱心，能感觉到今天幸福生活的宝贵，来之不易。

（3）多让孩子参加各种义务劳动和夏令营活动。很多父母怕自己的孩子劳动辛苦，吃不消，不大爱让孩子参加劳动。这是错误的观念，孩子多劳动，才能锻炼他们的意志，培养他们吃苦耐劳的精神和为人民服务的思想。参加夏令营，能锻炼和培养他们独立生活的能力和团结互助的品德。

53. 如何对失足的孩子进行心理辅导

中考生家长：我的孩子是个失足的学生，前年帮同学去打架，把别人的孩子弄成重伤，我们赔了不少钱，才没有进监狱，但是名声不好了。现在同学们都怕他，也不敢跟他交朋友，孩子很沮丧，在学校生活很压抑，我们也想让孩子快乐起来，但又不知道如何教育，效果才好?

案例分析

失足学生的心理特点如下：

（1）自卑、自暴自弃、低人一等。失足学生失足前，大多很狂妄，喜欢做一些出格的事，遭受失足的打击后，他们大多数老实多了。由于被老师和同学瞧不起，遭受歧视，他们一般都很自卑，感到低人一等，失足学生不甘寂寞，反正在别人心目中印象就差，干脆破罐子破摔，自暴自弃，倒也潇洒自在，其乐无穷。

（2）老毛病很容易复发。一些由于打架斗殴、盗窃失足的青少年，得不到及时的关怀以及正确的辅导和教育，老毛病就像身体上的病毒一样，很容易复发，再犯错误。

（3）渴望理解和关怀。很多失足学生只是一时冲动犯了法，但事后后悔不已。然而人们对他们不好的印象一旦形成，便挥之不去，他们在以后的学校生活中，经常会受到不公平待遇。但他们的内心很渴望别人能理解他们、尊重他们、关心他们。

（4）重新做人。绝大多数失足青少年都是浪子回头金不换，他们决心痛改前非，重新做人，想以优异的成绩和良好的行动改变以前人们对他的印象，想做一个好学生。

金钥匙

（1）帮助他们树立正确的人生观和价值观。人生观影响并决定着人们的生活方式，决定着人生的归宿和生命的价值。进步的、革命的人生观，是鼓舞和激励人们前进的根本动力和巨大精神力量。

一般来说，失足青少年之所以失足，就是由于其生活阅历浅，不懂事物的复杂性，不知生活的方向和人生的价值，分不清好与坏、荣与辱、美与丑，或被某些表面现象所迷惑，或出于哥们义气，图一时痛快而误入歧途。因此，老师和家长对失足学生要耐心辅导和教育，帮助其分辨是非、美丑，树立正确的人生观和价值观。

（2）尊重他们的人格，和平共处。很多失足学生很苦恼，因为他们经常会受到老师、同学和家长的歧视、鄙视和辱骂，这极大地伤害了他们的自尊心。也有一些失足学生本想痛改前非，但回校后处处受阻，结果是又投入恶势力的怀抱，因为他们在那里臭味相投，谁也不会歧视谁。因此，老师要教育广大中学生尊重失足学生，主动帮助他们。家长这时更要关心和理解失足的孩子，不能漠不关心。

（3）多表扬，少批评。失足学生特别敏感，他们自尊心特别强，特别忌讳别人揭他的伤疤。对失足学生的教育和辅导，要多表扬，少批评。多表扬能提高他们学习的积极性和生活热情，而多批评很容易导致他们丧失信心。

（4）培养失足学生自我教育和自我约束能力。首先老师和家长要激发失足学生自我锻炼和自我约束的愿望，从而驱使他们主动去寻找学习榜样，确立正确的奋斗目标。其次是激发他们制定和执行自我锻炼、自我约束的计划，引导他们自我分析、自我监督等。

（5）树立学生的自信心。自信心是学生成才和成功的主要动力之一。针对失足学生缺乏学习和生活信心的现象，老师和家长要制订一套计划，循序渐进地树立学生的自信心。

54. 如何对残疾孩子进行心理辅导

中考生家长：我的儿子是个残疾人，小学毕业那年，因为车祸失去了左胳膊，但是，现在还是很听话的，学习也比较用功，就是不太自信，不爱跟同学交往，有事总憋在心里，快中考了，我担心孩子压力大，会受不了，影响考试发挥，现在，家长如何有效地辅导孩子？

案例分析

残疾学生的心理特点如下：

（1）自卑。由于生理上的缺陷，他们自愧不如正常人，再加之常受到同学们的讥笑，常表现出抑郁，胆怯。他们一般不喜欢参加集体活动，很少交往，自叹不如别人，怨生不逢时。

（2）存在不同程度的依赖心理。残疾学生受到来自父母和亲友的过分关爱，一般衣来伸手，饭来张口，因为养成了依赖习惯，依赖心理重。当然，残疾学生的依赖性也可能与他们的残疾有关，特别是四肢伤残的学生，由于手足不健全，行动不便，甚至在竭尽全力时才勉强如愿，因此，只能依赖他人的帮助。

（3）意志薄弱。残疾学生由于缺乏锻炼的机会，他们大多数都在室内活动，因此缺乏意志锻炼，意志一般较薄弱，这是他们今后成功的一大障碍。

（4）力不从心，无可奈何。很多残疾人不甘做一个社会多余的人，他们有理想，也希望有所作为。由于残疾，往往力不从心，而且社会给他们提供施展能力的机会较少。

金钥匙

（1）充实他们的精神世界，培养坚强的毅力，立志成才。残疾学生不同于正常学生，他们现在和今后都会面临来自各方面的阻力和压力。因此，立志和培养毅力对残疾学生来说显得尤其重要。

（2）淡化特殊，以集体的力量感召残疾学生。研究表明，虽然中学生在人格发展过程中父母起着重要作用，但同伴交往作用是父母所不能替代的。每个学生都有被集体肯定的愿望，但由于残疾学生生理、心理特殊，他们很难被同学接纳，针对这一情况，老师对残疾生应付出更多的爱，时时鼓励他们每一个小小的进步，同时要教育学生尊重残疾学生，理解残疾学生，爱护残疾学生，使残疾学生能感受到大集体的温暖。

（3）一视同仁，以统一的标准要求残疾学生。我们可以在学习条件上、生活上给予他们更多的关心，更多的帮助，但学习要求必须与大家相同，这样，他才能体现自身的价值，展示自己的风采，才会在自尊的同时拥有更多的自信。

（4）用榜样的力量来激励残疾学生。当代很多伟人、名人、成功者都是残疾人，如保尔、张海迪、邓朴方等，老师和家长可用他们的事迹和精神来教育和辅导残疾学生，为他们树立战胜困难的勇气。

（5）运用补偿的心理防卫机制来辅导学生。残疾学生并不是处处不如人，他们在生理方面也许不如别人，但他们在精神方面与他人是平等的，老师和家长可以辅导残疾学生，培养他们的特长，用成功的喜悦来淡化残疾对他们的消极影响。如上面我们提到的保尔、张海迪和邓朴方，他们都是成功的人，他们之所以受到世人的瞩目和尊敬，是因为他们做了很多不平凡的、有利于人民和社会的事。

55. 家长如何面对孩子的逆反心理

中考生家长：我的孩子越来越不听话了，你说东，他朝西，你要是说让他把心思用在学习上，他今天就不去上学了，他爸爸打过他几次，没有效果，孩子以前不是这样的，记得孩子读小学的时候，很听话，成绩也是班上前几名，孩子现在是怎么了，如何有效地开展对孩子的教育和辅导工作?

中考生家长：我的孩子就是那种“不受教”“不听话”，喜欢“顶牛”“对着干”的孩子，为此，我们伤透了脑筋，快中考了，孩子的成绩没有以前那么突出，心理压力也大，总是为很小的事情跟父母发火，挑老师的毛病，看老师不顺眼，我们家长挺着急的，请问，孩子逆反心理大，该如何进行辅导和教育?

案例分析

在心理咨询中，很多母亲找我咨询，苦恼于自己的孩子与自己成了死对头，说什么他都听不进去，真拿孩子没办法。也有一些青少年找我咨询或给我来信求助，诉说自己的父母如何霸道，自己真想离家出走，等等。青少年逆反心理，是他们成长中为求自我独立对父母或师长所表现出来的反抗心态。如你让他向东，他偏向西；你让他做，他偏不做；你不让他做，他偏要做。作为发展心理现象，这是鲜明的年龄的阶段性、半成熟和半幼稚的特征，青少年较为突出。对此既要正视和尊重他们要求独立发展的一面，又要看到他们幼稚无知的一面。消除青少年逆反心理的关键在于教育者和教育机制的正确对待。

（1）表现与危害。逆反心理几乎人人都有，但中学生的逆反心理较明显，而且危害性大。其表现为“不受教”“不听话”“顶牛”“对着干”“偏要干”“自暴自弃”等。逆反心理得不到及时纠正，会使他们荒废学业、犯错误，有的甚至还会走上犯罪的道路。

（2）原因。① 中学生正处于青春期，即过渡期或第二反抗期，其独立意识和自我意识日益增强，迫切希望摆脱老师和家长的管束和监护。他们反对大人把自己当成小孩，要求以成人自居，并表现出大人的种种行为，这在他们看来是正常的、必要的，但在大人看来却是可笑的，甚至是可气可恶的。他们的行为必然会遭到老师、家长的批评和反对，这样矛盾随之产生。如中学生早恋，大多数老师和家长都是非常反感的，有的态度是粗暴的。有逆反心理的中学生则想：你不是反对吗，我偏要恋爱，看你能把我怎么样？② 老师和家长的教育方法、手段欠妥，往往容易导致学生的逆反心理。如学生学习成绩不好，这时家长会很急，断绝学生与外界的一切来往，甚至反对他们的业余爱好，要学生一心一意地学习。有逆反心理的学生则想：你不是要我学习吗，我就偏不学，气死你。

金钥匙

孩子进入中学阶段，逆反心理会越来越强烈，他们总嫌父母不理解自己，对自己要求越来越苛刻，完全是他们说了算，自己非常反感。孩子的逆反心理具有普遍性，父母和老师应该注意教育的方式方法：

（1）采用温暖原则。父母不要因为孩子是自己的，想打就打，想骂就骂，没有什么了不起的，这就错了，往往会适得其反。教育孩子，处理突发事件，父母要以情感人，以理服人，孩子一时半会儿想不通，要留给他们思考的时间。

（2）家长不能以自我为中心，处理孩子的问题。父母要用商量的口气与孩子进行交流，父母不要有“老子就老子，老子说了算”的霸道思想，这只会招致孩子的对抗、反感，甚至逃避或用沉默和出走来抵抗父母的粗暴态度。

（3）处理问题，父母要步调一致。不能父亲这样说，母亲又那样说；父亲在严厉地教育孩子，母亲却在一旁护短。面对孩子的问题，父母要先商量一下对策，口径一致后，再与孩子进行交流。

（4）多鼓励孩子，少指责他们。父母批评孩子，要讲究策略方法，指出问题的实质，鼓励他们去改正或改变。父母不能用大人的腔调来宣泄自己的不满。

（5）注意语言。说话时注意语气、语调与用词。尽量避免使用命令的辞令，青春期的孩子不喜欢被命令、被驾驭、被强迫或被规定做任何事。有些词像“应该”“必须”“务必”“一定”等，都是激起反抗情绪的祸源，命令会引起孩子抗拒的心理。应该以征求意见的方式。尽量使用“我们”，而不要使用“你”或“你们”。千万不要硬碰硬，你最好说出你的道理、想法、观念、意见、理想和问题。尽量避免使用那些容易引起摩擦的语言。

（6）委婉地纠正孩子的错误。当孩子出现错误时，不要过分地指责与强调，应该委婉地提出。如果你毫不留情地揪出他们的错误，就等于激起他们反对你。绝大多数人却都喜欢这么做，他们总是喜欢纠正孩子，指出孩子的错误，对于孩子做的每一件事情都吹毛求症，泼孩子冷水，通过这些来证明自己在孩子心目中的地位与价值，希望让孩子继续依赖自己，却不明白，越这样做，孩子的逆反心理越强。

（7）学会聆听。当问题出现时，家长可以先提出问题，然后注意聆听孩子的想法。到目前为止，缓和反抗情绪最有价值的方法，就是提出问题，并注意聆听，而这两者都需要耐心。当你听到孩子的反对意见时，要故作镇定，并表现出听得津津有味的模样，这确实不容易。大多数情况下父母都会迫不及待地予以辩驳，而且大多数人都认为，他们必须举出事实“纠正别人”，给这个持反对意见的人“洗洗脑”。但是，应当暂时控制住这股冲动，再想想为什么别人会反对。一般来讲，这是做一项决定前的一个过程而已。如果一个人说：“等一下，让我再想一想。你要求我改变，做我从来没做过的事，我不能这么爽快地答应你。”这非常合情合理，所以拖延一点时间是必然的。因此，提出问题和耐心地倾听，就是给予别人必要的喘息时间，以便解除反抗的情绪。

（8）换角度去思考。受人生经验和认知水平限制，学生对事物的认知往往是片面的，一知半解的，往往会一条路走到底。因此，对学生存在的问题，老师和家长可教育学生换个角度看问题，并预测它的危害结果。如面对学生的早恋，可这样告诉学生：看看早恋有几个成功的，几乎没有一个。恋爱不仅仅是快乐与满足，恋爱还要有相应的责任与义务，你具备吗？开导式说服方式要比武断的方法好得多。

56. 如何对问题少年进行家庭教育

中考生家长：我的孩子很顽劣，是个问题孩子，他哥们义气重，经常给家长找麻烦，上次跟隔壁年级的一个同龄孩子打架，把人打伤了，对方家长投诉到家里来，我们赔了不少钱。今年都上九年级了，真为孩子的前途担忧，想问问老师，我的孩子还有救吗？

案例分析

问题青少年的心理和行为表现如下：

（1）问题青少年的心理特点有自卑、自私、冲动、厌世、哥们义气、盲目等。问题青少年学习成绩一般都很差，老师不喜欢他们，同学又瞧不起他们，他们也有自尊心，因此深感自卑。问题青少年的家庭背景单亲的多，留守家庭的孩子多。因此，他们缺乏温暖，这些都使他们感到不如别人，有很深的自卑情结。

问题青少年由于经常受到家长的斥责和奚落，他们对人生也感到漠然，由于没有人生目标，他们大多悲观、厌世，很多都自暴自弃、破罐子破摔。

（2）问题青少年的行为特点：容易冲动，攻击性强，暴力倾向多，不驯服，狡猾难对付，喜欢耍小聪明，做事不老实，但方法简单，行为又很幼稚，不成熟。我生活的这个城市一年就发生了好多起未成年人犯罪的事情，如一帮问题青少年就为了教训一下他人，绑架了受害者，由于忍受不了痛打，受害者跳河逃跑，最后被淹死。还有一起，两个初中生发生口角，其中一个一激动，操起水果刀挥过去，正中那个同学心脏，出了人命。因此，青少年做事易冲动，不计后果。

对问题青少年的教育，尤其是心理教育，是一项系统式教育，既要有学校方面的教育，也要有家长方面的教育，学校和家庭要共同教育，效果才好。

问题少年不是穷人家的专利，现在越来越多家庭的孩子成为问题少年。问题少年不是天生的，它源于教育的一种缺失，尤其是家庭教育，方法不当，很容易使孩子沦为问题少年。促使孩子成为问题少年的家庭教育表现在以下几个方面：

（1）父母经常打骂孩子。有的父母由于文化水平低和脾气暴躁，孩子不听话，喜欢打骂、体罚孩子，久而久之，成为一种教育习惯。有时候，不打骂孩子，父母就感到像缺少什么。再者，一些父母遇到不顺心的事，回家也喜欢拿孩子出气。很多少年经常虐待小动物，欺负小同学，形成冲动人格，大都出自这样的打骂型家庭。

（2）放任自流。有的父母脾气温和，但忙于工作，很少抽时间来关心孩子，孩子调皮捣蛋，又没有好方法去管教他们或根本管不了，放任自流，最后孩子沦为问题少年。

（3）父母教育态度不统一。孩子不听话，父亲在严肃教子，可母亲在一旁护短，往往弄得父亲左右不是，有的母亲在严肃地批评孩子，父亲在一旁，说妻子大惊小怪。再者有的夫妻喜欢吵架，也不回避孩子，不舒服就吵，甚至各自挖苦对方，孩子面对这样的父母及他们露骨的话，很难好起来。喜欢骂人的父母，孩子也喜欢骂人；喜欢打人的父母，孩子也喜欢打人，孩子的行为，都是从父母那里学习的。

（4）父母单独教育孩子的弊端。有的父母离异或长期两地分居，父母单方面教育孩子，就会导致孩子产生很多问题。如母亲带男孩，读初中了，母亲的说教很难奏效。打也打不过孩子，再加上母亲大都心软，孩子就像断了线的风筝，很容易出问题。

金钥匙

（1）正强化为主。老师和家长要善于发现这类学生身上的闪光点，并予以肯定，使其建立自信。有个学生不爱学习，总喜欢打架，几任班主任都讨厌他，拿他没办法，后来换了一位班主任，很有爱心，看他喜欢打架，就建议他去学习摔跤，并给他联系了一所体校，后来，这个学生在全市的摔跤比赛中得了第一名，他高兴得不得了。有了自信，他也变了，变得听话，爱学习了，再后来，他的学习成绩也上去了。

（2）多点宽容。对问题青少年，宽容比惩罚有效果得多。有时候，宽容就是一种无声的批评。这容易培养他们的自尊、自爱之心。

（3）亲子沟通。问题青少年的不良行为和心理，其形成原因与家庭环境和教育有很大关系。因此，作为家长，要真正承担起家长的责任，多与孩子交流、沟通，去了解孩子的喜怒哀乐，真正去关心他们。因为每个青少年都是有潜力的，都愿做好学生，只是由于缺乏父母的关心和爱护，才使内心蒙上了一层阴影。

（4）父母要以身作则。孩子的模仿能力是很强的，父母的一些不良习气，很容易被孩子习得。如父母喜欢骂人，欺负他人，孩子也喜欢骂人，欺负小同学。父母生活不检点，孩子也会流里流气。因此，父母要以身作则，成为孩子学习的榜样。

（5）父母的关心不仅只体现在物质上和学习上，心灵上的关心更重要。有的父母给孩子零花钱从不计较，给孩子买这买那很大方，他们以为这就是在教育孩子。孩子的学习，家长认为是学校的事，管得少。孩子的心灵感受，父母关心的就更少了。很多问题少年厌学、逃学，就是因为学习跟不上，经常遭受来自老师和同学的鄙视，最后学习成了一种心理负担，于是开始逃学、混迹网吧，寻找快乐。因此，对孩子的学习，父母要从小抓起。

（6）孩子的精神需要和心理满足是很多家长忽视的、没有引起重视的。孩子需要常常被人夸奖，被人赏识，需要心理慰藉。但很多父母没有注意到这一点，孩子表现好时，父母没有表示，孩子表现差时，父母暴跳如雷。这很容易挫伤孩子的积极性和自尊心。因此，父母应当注意这一点。

（7）重视对孩子的信念培养。成功的程度，取决于信念的坚定程度。信念支撑我们走向成功。有研究表明，信念给人的力量，是兴趣力量的 99 倍，这就说明信念在人生中的重要性，孩子的信念也很重要。但问题少年几乎没有什么积极信念，因此对孩子的信念教育和培养是极其重要的。

孩子为什么要学习？为谁学习？学习能给他们带来什么？父母要用科学的态度来回答孩子。父母可带孩子参观革命圣地，观看名人成功电影、电视剧以及正能量的书籍，以此来逐渐培养孩子积极的信念。

对问题青少年的教育要有耐心，相信他们是可以教育的，不能采取以毒攻毒，采取打骂、惩罚的方法，这些方式都不能解决实际问题，只会在他们不成熟的心灵中留下更深的阴影。

心理训练　呼吸放松法缓解焦虑

找一个你感觉十分安全而又安静的环境，拿掉身上的物品，然后躺下来把身体调整到一个自我感觉十分舒服的姿势。

调整好身体的姿势，嘴巴微微张开，缓缓地做几个腹式深呼吸……

这样的呼吸会更加平稳，更加均匀……

按照平时的速度与深度，自由地呼吸……

一面自由地呼吸，一面放松……放松……

身体渐渐地放松了……放松了……放松了……

你可以自由地调整你身体的姿势，身体更加地舒适，更加地轻松……

就这样继续下去……

完全放松……

可以自由地调整你的呼吸……

在呼吸时，请把注意力集中在你的呼吸上，感受你平缓的呼吸……

就这样平缓地呼吸……

就这样自由地呼吸……呼吸……呼吸……

好像清楚地知道在呼吸着……

又好像什么都不知道了……

现在请不要动了……

不要动了……

把注意力放在呼吸上……

享受这轻松的时刻……

放松……完全地放松了……

一会儿你可以随时把书放下，闭上眼睛……

自由地呼吸……

在心里默默地告诉自己，我会数我的呼吸次数，从1数到20，每数一个数我都更加地放松，当我数到20时我就会进入最深的放松状态……当我休息好了，我会自然地醒来……

开始享受这轻松的时刻……

直至精力充沛地醒来……

就这样自由地呼吸……呼吸……呼吸……

放松……完全地放松了……

当我们讨论各种放松方法的时候，就可以学到使自己更快地体验这些感觉的技术。这是一个非常简单的调整呼吸的方法，调整呼吸有助于大家尽快进入放松的状态。

第四篇

中考生自卑心理辅导

心理训练 呼吸法缓解压力和焦虑

（1）坐在椅子上，轻轻地抬起头，微微张开嘴巴，深深地用鼻孔吸气，眼睛平视前方，缓缓地挺直脊背。

（2）深深地吸气，双肩缓缓抬起，慢慢地收回腹部，让氧气充满胸部。

（3）呼气时，缓缓地放下双肩，慢慢扩张腹部，体验身体放松的感觉。

（4）吸气时尽量慢而深，缓缓地抬起双肩，尽量地收回腹部，吸气完成后保持姿势，数三个数后再开始呼气。

（5）呼气时尽量把气吐干净，慢慢放下双肩，轻轻扩张腹部，呼气完成之后体验放松的感觉，然后开始下一次吸气。每次练习 20 分钟即可。

57. 如何帮助孩子克服自卑心理

中考生家长：孩子不愿意与同学交朋友，说是怕被别人瞧不起，集体活动很少参加，怕做得不好，被别人取笑，感觉孩子比较自卑，作为家长，如何正确教育、辅导孩子克服自卑心理？

案例分析

自卑是人的一种不良自我意识，是一种自己轻视自己，认为自己不如别人的惭愧、羞怯、畏缩甚至心灰意冷的复杂情感。自卑感强的学生，往往看不到自己的长处和优势，觉得处处低人一等，无所作为，悲观失望，甚至对稍加努力即可完成的任务也自叹无能为力而轻易放弃。

（1）自卑的心理表现。

自卑的学生，往往有这种心理表现和行为：如果他生命中只剩下一个柠檬了，他就会说：我垮了，我连一点机会都没有了，然后就开始诅咒这个世界，让自己沉浸在可怜之中。但自信的人会说：从这个不幸事件中，我可以学到什么呢？我怎样才能改善我的情况，怎样才能把这个柠檬做成柠檬水呢？

“反正”“毕竟”“总会”，往往是自卑者的口头语，他们往往为自己的不行动找合理化理由，然后心安理得地去睡觉。

（2）自卑的原因。

自己觉得长相、身材、身高、外貌打扮都不如人，或者因为身体缺陷而感觉自己不如人。青少年处于身体发育的时期，对于自己的高矮胖瘦、白黑美丑都十分在意，所以由于外貌原因造成的自卑心理很常见。

觉得自己的能力不如别人。如果家长非常在乎学习成绩，而且习惯用成绩衡量孩子是否优秀，孩子更容易对自己的天赋智商产生怀疑。对于交不到朋友的孩子，也是如此，是不是我不好，所以朋友才不喜欢跟我玩，这也是性格不合群的孩子常有的疑问。

经济上的贫穷。尽管说穷人的孩子早当家，但是心理学家做过调查研究：家庭经济条件比较差的孩子自信心指数相对而言要比经济条件好的家庭低。当条件好的孩子每天讨论寒暑假去哪里旅游，条件差的孩子要计算今天的钱可以吃一顿什么样的午餐的时候，也许他会更励志，但是也很容易因此而自卑。

学业或者学习环境的自卑感。成绩跟不上被老师点名批评；成绩单发下来被家长凶；学校不是重点中学被很多人不屑。孩子自卑也是很容易理解的事情。

自我认识不足，自我期望过高，喜欢进行不良比较。青少年对于自我的认识往往不是非常准确和清晰的。但是有时候会不切实际地忽略其他原因，以他人之长比自己之短。

完美主义倾向太浓。父母或者孩子对自己近乎苛刻的要求，即便孩子考了第一，得到的评论也是："为什么不是满分？"这一类孩子是最辛苦的，他们是最努力的，可是不管怎么努力都很难产生自我效能感。

金钥匙

（1）多赏识赞扬，少批评指责。孩子其实是很脆弱的，孩子有一颗玻璃心。如果这颗脆弱的心承载太多来自父母的负面语言，将会碎裂成无数的自卑因素，刺伤自己。谁也不喜欢总是受父母的数落、指责。孩子是越表扬越上进，越批评越下滑。多发现孩子的闪光点，不抓无关大局的小缺点大做文章。表扬也是有方法，有度的，全看怎样去把握。

（2）放低标准，给孩子减压。家长不要总盯着分数不放，要重过程不重结果。因为孩子的发展潜力很大，一时的退步不等于以后不进步，也许孩子的起跑点比较低，但不能不说终点站他一定落后于别人。所以，家长要从长计议，不要把目光锁定在眼前，只要孩子尽力了，就得理解和宽容。不要期望值太高，去追求完美无缺，孩子不可能样样出色。要淡化自己的分数观，多关注孩子的心理健康。不要拿孩子与其他人对比，以免伤了孩子的自尊。

（3）对孩子放手，让孩子锻炼。孩子的自卑与动手能力、交际能力差很有关系。家长不要事事包办，一切替孩子做好。尤其是隔代抚养，孩子容易被祖辈溺爱。不要嫌孩子手脚不灵活，动作慢。因为孩子的动作协调能力还不够好，从不熟练到熟练，是必经的过程。

这当中要多鼓励、多赏识，协助孩子体验成功。独生子女没有兄弟姐妹，要从小多带孩子走出家庭的小圈子，多参加集体活动，在社会交往中培养乐观自信、大方活泼的好品格。这样才不会使他的各方面能力落后于同年龄人，脸上才能写满自信，与自卑绝缘。

（4）正确对待失败、挫折和不幸。失败、挫折和不幸，会使一个正在前进的人丧失信心，会使一个自卑的人更加自卑，以致失去生活的勇气。然而，失败、挫折和不幸，是在所难免的，任何伟人、名人都曾体验过这些。

（5）补偿作用。导致人自卑的原因有很多，如残疾会导致人自卑，地位不高会自卑，长相不佳会自卑。补偿作用往往会使人克服自卑，产生自信，如有些残疾人，身残志不残，他们在某些方面，如文学、艺术等方面做出成绩，受到社会的肯定和大家的尊敬，像张海迪就是这样的人。

（6）要保持身心健康。人的一生身心健康至关重要，身心不健康往往会影响人的情绪，会使人越来越感到悲观，最后完全丧失信心。如很多文学家、哲学家，最后走上自杀之路，与人的身心不健康有很密切的关系，如海明威、三毛等。

58. 家庭条件比较差的孩子如何教育

中考生家长岑女士：孩子他爸去年下岗了，我身体又不好，也没有稳定的工作，家庭比较拮据，本指望孩子争口气，好好读书，让我们有个盼头，但是，上苍好像故意跟我们作对似的，孩子成绩并不好。更烦恼的是，成绩不好的孩子好像有共同语言似的，很喜欢凑在一起，晚上也不上晚自习，翻墙出校，在大街上瞎溜达，前些日子还在外面打群架。孩子今年就要中考了，考不上高中，又给我们带来更大的痛苦，我想问问，该如何去教育，孩子才会安心去学习？

案例分析

俗话说："穷人家的孩子早当家""苦难是人生最好的老师"，的确有一些贫困家庭的孩子读书很用功，并考取了理想的大学。但通过我们的社会调查发现，很多贫困家庭的孩子不争气，既学不进去，也不听话，好多还是问题少年。我在本市少年法庭做陪审员，审理了很多未成年人犯罪的案子，这些未成年人绝大多数都来自贫困家庭，一部分来自农村，一部分来自下岗职工的家庭。这就给我们提出了一个教育问题，即贫困家庭的孩子也存在教育问题，也存在难教的问题。

贫困家庭的孩子普遍存在自卑心理，有的孩子自卑心理还很严重，他们一般内向，甚至孤僻，不喜欢说话，往往独来独往，如果再加上成绩差，他们就会厌学，甚至彻底厌倦学习和学校。很多在社会上、在农村闲逛的未成年就是这样的，他们几人一伙，经常出入网吧等场合，资金来源大多数是通过盗窃、抢劫等方式获取，直至最后被公安抓获。在被抓获的未成年犯罪分子中，很多甚至连义务教育都没有完成，就“浪迹”社会了。

贫困家庭的不良教育，常见的问题表现在：

（1）放任自流。贫困人家经常为生计发愁，哪有闲心管孩子，孩子能吃饱就行，至于孩子学习上和心理上的事情，家长根本不知道。

（2）父母教育态度粗暴、简单。这些父母大都自身就没有受过多少教育，他们的教育方式主要还是用武力来使孩子暂时屈服，如棍棒教育、拳头教育、赶出家门等。在这种教育环境里的孩子，很多孩子都成为问题少年。

（3）父母不良习惯对孩子的影响。由于父母自身素质不高，他们自身的一些不良习惯，甚至是恶习在孩子面前暴露无遗，如打架斗殴、盗窃、好逸恶劳等，在这样环境下成长的孩子，大部分会染上恶习。

（4）消极的人生态度对孩子的影响。有些下岗职工或农民致富无望，索性破罐子破摔，他们既无奈又悲观，父母消极的态度就会导致消极的孩子。

（5）缺乏对孩子的人格教育。再穷也不能穷孩子，很多贫穷的父母都是这样想的，他们教育孩子要刻苦学习，将来考上大学有个好的出路。但他们大多忽视了对孩子的思想道德教育和人格塑造。或许由于自身文化的局限，他们根本不知道该如何去对孩子进行这方面的教育。

（6）缺乏对孩子心理素质的培养。对于孩子性格内向、孤僻、不合群，很多父母不知从何入手去教育他们，索性听之任之。

金钥匙

贫困家庭的孩子不可能不教而成长，虽然，贫困的家庭环境能激发孩子学习，但教育在先，没有良好的教育，再特别的环境也是白搭。父母应该这样去做。

（1）用客观存在的环境去激励孩子。现在对城市的孩子，倡导挫折教育，这很有意义，贫困人家的孩子就要充分利用自身的环境，发奋图强，给自己以希望，也给父母以希望。

父母的教育态度，行为准则对孩子的影响非常大，父母需以情感人，以理服人，不能用拳头对待孩子。

（2）对孩子信念的培养。现在很多家长忽视对孩子信念的培养，有研究表明，信念给人的力量，是兴趣力量的 99 倍。帮孩子树立积极的人生信念，让信念成为孩子的精神支柱。父母要能正确回答孩子为什么要读书？为谁而读书等问题。

（3）对孩子自信心的培养。自信心是人生成败的一个关键，基于贫困环境，孩子普遍都有自卑心理，父母要用实际行动来影响孩子，用从苦难中走出来的成功人士的案例来教育孩子。

自信心会影响孩子的个性发展，充满自信的孩子性格开朗，人际关系和谐，爱助人为乐。因此，自信心对孩子很重要。

59. 有钱人家的孩子如何教育

中考生家长：从小就没有亏待过孩子，要什么给什么，手机、电脑和名牌包等，孩子都有，但是就一点不好，孩子学习成绩不好，每次开家长会，最令我头疼，在众多家长面前，孩子成绩倒数，感觉很没有面子，孩子今年就要中考了，也不知道孩子是否能考上高中，我想问的是，家长该如何有效教育这样的孩子？

案例分析

不管是家庭优越的孩子还是家庭贫困的孩子，如果教育失当，都会导致孩子厌学。我的一个朋友要我为她朋友的孩子做心理辅导，大致内容是孩子不爱学习，迷恋上网络游戏。我与孩子家长取得联系，预约时间进行上门服务，一进孩子家，我吃惊不已，那个复式楼大得让我目瞪口呆，我还从没见过这么大的房子，不用问，这孩子的父母都很有钱。孩子父母由于生意忙，很少顾及孩子，孩子基本由奶奶带着。孩子有自己的书房，还有一个乒乓球室，想想看，父母都拿这小祖宗没办法，那奶奶还能把他怎么样。孩子与外界交流很少，很多时间都在家里。家长忽视了孩子有与小伙伴交流和玩耍的权利。

优越家庭常见的教育问题表现在：

（1）溺爱代表不了教育。条件优越的孩子的物质生活丰富。孩子要钱给钱，要物给物，不愁吃喝，可父母有一样难给，就是孩子的心灵需要。孩子有物质的需要、学习的需要，也有心理需要，如与同伴交流，交朋友，一起玩耍等。忽视这一点，孩子的个性发展就会欠缺。

（2）人格教育淡化。条件好的父母会请家教，让孩子上各种兴趣班，但有一样，他们忽视了教育孩子如何做人，如何培养孩子良好的心理素质。有钱人家的孩子对挫折的承受力普遍较弱，这也就说明有钱人家庭的教育存在误区。

因此，条件好的父母在如何教育孩子的问题上应注意：

（1）不能搞关门教育。如有的父母担心孩子安全，不让孩子上幼儿园，不让孩子与同学们一起玩耍。关门教育最终导致的是孩子个性的缺陷。这样环境中长大的孩子的个性一般内向、自卑，沟通能力弱，人际关系差等。

（2）上兴趣班，孩子压力大。现在很多家长喜欢随大流，赶时髦，不管孩子喜不喜欢，愿不愿意，一定让孩子学什么绘画、钢琴、舞蹈，等等。

（3）缺乏挫折教育。条件好的孩子普遍挫折承受力差，父母从小就没对孩子进行挫折教育。

金钥匙

优越家庭在教育孩子时，正确的做法有：

（1）物质鼓励与精神鼓励同步进行。优越家庭对孩子教育时，习惯于物质奖励，以为奖励越多，孩子会越听话，其实这是盲目教育孩子，是错的。对孩子的精神鼓励比物质奖励更重要，如孩子有进步要肯定，要表扬；这对孩子的理想教育和榜样树立等都很重要。

（2）孩子的智商培养和情商培养同等重要。俗话说，“智商诚可贵，情商价更高”，无数事实证明，使一个人立于不败之地的，往往是他们的高情商。在心理咨询中，我看到很多的失败者，他们人际关系差、性格古怪，不受同事和上司欢迎，而且心理问题特别多，这都是情商低所致。父母在重视孩子智商的同时，也要注意对孩子的情商培养。

（3）学习与娱乐要两不误。只抓孩子学习显然是不够的，别忘了孩子还有玩耍的权利和需要。只重视学习而忽视娱乐，给社会输送的就是单腿人才。

60. 孩子是个“手机控”怎么办

中考生家长：我的孩子有手机依赖，上课玩手机，睡觉手机不带在身边不行，只要有时间就长时间地玩手机，玩手机时以聊天、看小说为主，对搞笑小视频也很着迷，手机网络游戏没有嗜好，孩子是个手机控，家长怎么处理?

案例分析

对于很多人而言，饭可以不吃，觉可以不睡，但手机却是一刻也不能离开。像烟瘾、酒瘾一样，手机瘾几乎成了一种社会通病，地铁上、马路边、厕所里……“手机控”就是有手机情结的人，青少年也不例外。随着智能手机的普及，手机的功能越来越强大，对一些青少年的诱惑也越来越强，“手机控”的青少年会严重影响学习。

金钥匙

（1）要约法三章，犯规要有惩罚。有些家长面对孩子日渐沉迷手机，会采用较为粗鲁的方式：没收手机、砸手机，其实绕了一圈后，你会发现问题仍然在原地等你，而且会让孩子的逆反心理愈加严重。家长可以抽出十分钟做一份手机使用守则，如果孩子违反规定就以没收手机作为惩罚，孩子即使闹情绪，家长也要做到不心疼、不放纵、不妥协。

（2）转移孩子的注意力，家长以身作则。家长可以给孩子培养兴趣爱好，多进行户外活动，以便转移孩子的注意力；如果有和孩子规定过手机的使用守则，那么在禁止孩子玩手机时，也请家长陪着孩子一起坚持，这就是以身作则。

（3）扩大孩子的兴趣点，陪伴是最好的告白。扩大孩子的生活面，让孩子体验更多丰富而有趣的东西。

（4）看见孩子的长处，鼓励孩子的努力。父母如果长期忽视孩子，或者看不见孩子的努力与长处，经常打压、贬低孩子的自尊，不肯倾听孩子的心声，那么孩子就会慢慢关上与父母的沟通之门，并陷入自卑、低价值感的心理旋涡。家长应作第一个为孩子鼓掌的人，发自内心地欣赏孩子，并让他知道。这些都是走进孩子内心最重要的步骤。

61. 如何帮助孩子克服厌学心理

中考生家长万女士：我的孩子读小学的时候，很听话，成绩也不错，但是，自从上初中后，就变了，喜欢打扮，喜欢玩，对学习的兴趣越来越淡。他还对我说，以后想去做厨师，专弄好吃的。今年孩子上九年级了，说数学和物理课听不懂，也不想上课了，觉得活受罪，孩子的表现离我们的期望值太远了，我们家长该怎么做?

案例分析

厌学心理是对学习产生厌倦乃至厌恶，从而逃避的一种心态。调查表明，大多数孩子的厌学与他们是否聪明没有多大关系。厌学心理产生与发展将直接影响学生的学习和成绩，甚至会危害他们的身心健康。厌学心理产生的原因：

（1）学习跟不上，受到老师、家长和同学的责怪和鄙视。我们在心理咨询中曾收到很多学生的来信，其中有一部分就是反映他们的厌学心理，有一封信是这样写的：很久以来，生活令我沮丧不已，写这封信以前，我把我初三发生的所有的事前前后后想了又想，觉得自己整个是个失败者。我是用爸妈的辛苦钱上的初中。从上学的第一天开始，我就背着这个包袱。为了对得起爸妈，我拼命地学习，然而，事与愿违，我的成绩越来越差。现在离中考还有四个月，考试频率很高。考一次，我就被打击一次，有时甚至会被老师看似平常的话语羞得无地自容。就这样，我的心情越来越糟。在学校，我经常孤孤单单一个人，听到别的同学讨论问题，我也想问、想说，可是又觉得自己成绩太差，感到没有资格和他们在一起。尽管我知道同学之间没有贵贱之分，可是我怕那些成绩好的同学的那种审视的眼神。每次当我满怀信心和希望地坐在教室里，得到的却是失望与羞愧。

（2）与人际关系差有关。由于性格原因，有些学生人际关系差，经常与同学们吵架甚至打架，最后同学们都不喜欢他，感到在学校没意思，产生了厌学心理。

（3）学生没有树立正确的学习动机。有些学生不知道什么是学习，认为是为父母而学。当看到社会上一些没读书而赚了大钱的人时，他们便迷茫，觉得读不读书无所谓，这样自然而然就会对学习没了兴趣，甚至厌学。

（4）学业负担过重，产生逆反心理。为了让孩子上一个好学校，老师家长拼命给学生施加压力和增加学习任务，以致学生完全不能承受，他们很反感老师和家长这样“无理”地对待自己，对学习越来越感到厌倦。

金钥匙

（1）培养孩子对学习的兴趣。可与学生特长结合起来。其实特长与学习并不矛盾，众多事实表明，有特长的学生，他的学习一般也不错，因为它们可以相互影响，由于有特长、有兴趣，他们会经常受到来自学校和家庭的表扬和鼓励，他们的兴趣劲头也会潜移默化地转移到学习上面来，从而相得益彰。调查表明，很多厌学的学生，他们无特长、成绩差，有不良习惯，如常上游戏厅玩游戏等。

（2）辅导学生提高学习能力。很多厌学的学生一般都是由于学习跟不上，经常受到老师的批评，家长的责怪以及同学们的轻视。索性破罐子破摔，经常逃学，在外“鬼混”。因此，老师和家长，尤其是家长要及时想办法，辅导学生的学习，工作忙或有条件的可请家教，只有学生学习成绩提高了，才会使他们变得自信，那么学习的兴趣自然而然就会产生。

（3）尽量减轻学生的心理和学业负担。老师和家长往往一厢情愿地给学生施压，家长在家要求孩子“开夜车”，甚至恐吓学生：“考不上重点高中，你就会完蛋，就别来见我。”当孩子的心理和能力达不到和承受不了时，就会厌学，有的干脆离家出走。因此，老师和家长要尽量减轻学生学业负担，结合中学生心理特点施教，做到寓教于乐，劳逸结合。

（4）辅导学生的人际关系。学生人际关系差，也是学生厌学的一个原因。由于学生来自不同文化、经济和涵养的家庭，他们的个性亦有很大差异，有些学生性格孤僻，不善交往，人际关系自然就差。如果老师和同学对他们冷漠，他们就会感到孤独和不安，产生不良情绪，甚至厌世情绪也会产生。因此，对这些性格存在缺陷的同学，要伸出友爱之手，关心他们，帮助他们。

（5）家长要注意批评的尺度，成功时让孩子感到成功的喜悦。中学生的承受能力远不如成年人，但作为成年人的老师和家长，在批评学生时，要注意场合和尺度，以激励为主，少批评、责怪为妙。对学生学习上的任何进步都要及时给予肯定和表扬，让孩子们尝到成功的喜悦，这能克服学生的厌学心理。

62. 孩子迷恋网络怎么办

中考生家长危女士：我既是一名中考生家长，还是一名九年级的老师，我们学校附近有一家网吧，班上有些学生总喜欢往网吧跑，气恼的是，最近发现，我的孩子也跟着同学去网吧了，我很着急，为什么网吧会有这么大的吸引力，该怎么把这些孩子从网吧拉回来，认认真真地复习备考呢?

案例分析

网络这几年在我国发展飞快，城市的网吧多得数不胜数，最近我去了很多农村，发现农村小镇上的网吧也非常火爆。导致一些人迷失在网络里，其原因有：

（1）厌学。家长、教师的唯分论，导致成绩差的学生彻底失去了对学习的兴趣，但学生精力旺盛，他们需要交流，需要宣泄，需要自信，而现在流行的网络正好满足他们这方面的需求。

（2）对人际交往的厌倦。厌倦人际交往者一般在人格方面都有缺陷，心理问题比较严重，他们常常感到苦闷，而网络交流，不需要见面，他们会有放松感。长期网聊，会使他们依赖网络，同时也会使他们的心理问题越来越严重。

（3）对生活的无奈。每个人对生活都有向往和追求，但由于种种原因，他们的生活不尽如人意，却无法改变现实。这样的人悲观，甚至厌世。在网络里他们会找到志同道合者，找到知音（对方大多也是心理问题严重者）。这样，相互感染，相互影响，最后一起迷失在网络里。

（4）对感情的失望。人生的一大任务就是恋爱，但并不是每个人都能处理好感情问题的。事实上，在现实生活中，由于种种原因，很多人都经历过恋爱失败或婚姻失败，这些感情失败后，一方面抵触它；另一方面又渴望它。现实生活导致他们失望，他们就在虚拟中找回了自己，这就是网络。

（5）游戏。调查发现，不管是未成年人，还是成年人都会迷恋网络游戏。游戏的负面作用确实很大，一些成年人都难以抵抗诱惑，更别说是未成年人了。最近研究发现，游戏对人有催眠作用，这也是一些人会迷恋网络游戏的一个原因。

沉迷网络往往难以自拔，只会越陷越深，有心理问题的人依赖网络后，心理问题会越来越严重，有的甚至不愿再与外界交流。

网络在带给人快乐和知识的同时，也带来了很多负面影响，尤其对人的心理带来了很多不利影响。主要表现在：

（1）迷恋网络，使心理问题更趋严重。有心理问题的人很迷恋网络，网络使他们逃避现实。心理问题较严重的人，在现实生活中往往处理不好人际关系，为了逃避现实，得到快乐，他们就进入网络。我在心理咨询中发现，沉迷网络的人，心理问题会越来越严重，而他们自身往往没意识到这一点。

（2）迷恋网络，很容易使人的性格发生改变。人很容易对电子邮件、QQ、博客、微信产生依赖，有很多人咨询：一整天不收电子邮件就有一种失落感，有的明知道没什么邮件，但就是想上网看看邮件，问这是怎么回事；没有聊天话题，就是想打开QQ、微信看一看。网络使他们产生了强迫仪式动作。久而久之，这样的人的交往能力越来越弱，甚至变得不愿与人交流，有的人脾气开始变得越来越坏。

（3）迷恋网络，会打乱人的生活规律。每个人都应该规律地生活，但有的人由于迷恋网络，使正常的生活规律被打乱，他们会失眠，变得焦虑，身体不适，如果再继续下去，就会导致恶性循环，严重的会使人产生心理障碍。

心理问题者想依靠网络得到改善，往往适得其反。当然，在网上寻求心理帮助者除外。但很多的心理问题者并没有在网上找到心理帮助，而是陷入聊天和游戏之中。

金钥匙

（1）家长要引导孩子正确使用网络，发挥网络的积极作用。在当今信息化时代，计算机操作和网络运用已成为现代社会的必备技能，整体而言，网络使用对中学生的积极作用大于消极作用，为更好地发挥网络的积极作用，提升孩子的信息技能和信息素养，需要家庭、学校和社会做出更多努力。

中学生在网络中寻求安慰与归属，借助网络结交朋友、寻求安慰与支持以及宣泄情感，很容易产生对网络的过度依赖，进而影响学习和生活；而如果对网络持相对客观的态度，注重其工具功能，则有助于更好地发挥网络的积极作用，避免产生对网络的依赖。因此，家长应引导中学生将网络作为生活、学习的工具，强化网络在支持学习、获取资讯方面的工具功能，尽量弱化网络在孩子情感连结中的作用，避免孩子在情感上对网络过度依赖。

（2）家长要有耐心和诚心解开孩子心中的结。很多人对患有“网瘾”的学生采取粗暴的制止和严厉的斥责，这往往不能奏效，还会起到相反的作用。家长更多地要做孩子的朋友，树立孩子生活和学习的信心，鼓励孩子进行人际交往，这都可以分散孩子对网络产生的依赖。

（3）分阶段缩短孩子的上网时间。对有网瘾的孩子来说，制订戒网计划要循序渐进，最明智的做法是分阶段缩短孩子的上网时间，可减轻孩子的网瘾。

（4）代替疗法。我们讨厌的不是孩子，而是孩子身上对网络迷恋的惯性，要消除孩子身上的这种惯性，就要让他们的精神生活和娱乐活动更充实，不让孩子上网，必须找别的爱好替代，如每天用半小时来学习一样新东西，如游泳、打球、下棋等。

63. 如何帮助孩子克服偏科心理

中考生家长：我的孩子数学和物理成绩明显比较差，但是语文和英语等科目成绩很不错，孩子对数学和物理好像有放弃的念头，也不愿意花更多的时间在这些科目上，孩子偏科比较严重，家长应该怎么做?

案例分析

偏科是指在学习中不能正确对待各门学科的学习。擅学喜欢的学科，把主要精力集中于这些学科的学习，而忽视劣势学科的学习，有的甚至放弃其他学科的学习。

偏科的表现与危害：

中学生表现很明显的是注重考试学科，忽视非考试学科。很多老师反映地理、生物课不好上，学生兴趣不大，老师教课也没了兴趣，然而这两门课都与我们的生活相关。学生不感兴趣的根本原因是这两门课不是考试科目。如某个学生不喜欢语文，原因是语文老师总是批评他，他对语文和语文老师越来越没兴趣了。数学老师则不然，他有一定进步，老师就给他鼓励和表扬，于是他越学越有劲。

偏科的危害是显而易见的，一是在知识上产生缺陷，在学科方面出现“跛腿”现象。一种影响是影响中考总分成绩，另一种影响是某一领域总是“低人一等”。如有的学生不学语文，以后在工作中，连一个“通知”都不会写，也写不出。二是影响其他学科的学习。因为各门学科是相互关联的，缺一门课发展都会不平衡。

偏科的原因：

（1）对某一学科不感兴趣。有兴趣当然就不会单学某一学科。

（2）不好学，难学。由于某一学科不好学，难学，最后索性弃之。我曾问一名文科女生，为什么选择了文科，她说初中时，就不爱学物理和化学，因为难学，每次考试不及格，以后也懒得去学了，还不如把时间花在其他学科上。

（3）对某科老师不满，有一位女中学生不喜欢语文，究其原因是语文老师是班主任，总是批评她，从没好话，所以她讨厌语文老师，也讨厌语文课。

金钥匙

（1）具体问题具体分析。了解学生偏科的原因，然后对症下药，实施辅导。如学生对数学不感兴趣，是因为数学难学，家长就应对学生数学进行辅导。如果家长工作忙，可请家教代课。只有学生数学成绩提高了，学生才会有自信心，才会真正对数学感兴趣。

（2）防止偏科更深一步的发展。有的同学认为自己“天赋较差”“从小不感兴趣”“基础一直很差”“讨厌背诵和记忆而不愿学文科”。有的则是因为“听不懂老师讲的内容，感到乏味、难学”，一项成绩不理想就失去了学习这门课的兴趣和自信心。其实每个人的成功和能力都是经过努力提升的，作为家长，要帮助孩子分析失败的原因，家长尤其要避免说“我也有过类似经历啊”之类的话，这样容易引起孩子的心理暗示。相反，家长要细心发现孩子取得的每一点进步，并要多加鼓励和表扬，让孩子在学习中不断积累兴趣和自信。

（3）辅导学生克服畏难情绪。如学生对体育不感兴趣，是因为上体育课太累，这时，家长要对学生进行培养，使学生真正坚强起来。

（4）笨鸟先飞。理论学习是一个掌握规律和方法的过程，主要是在学习人类长期积累并以文字形式表达的经验。所以家长要督促孩子从基础做起，踏踏实实，一点一滴地学习，知识就是通过不断地累积，最终达到融会贯通的质变的。例如，长期坚持预习，在预习中就可以了解到大部分基础知识的学习、理解和记忆，这样在课堂上就能跟着老师的思路走，知识点在课堂上得到巩固和归纳。

（5）循环记忆，针对偏文科类科目的学习，在日常学习中，要养成循环记忆的好习惯。例如，每周花费半个小时的时间，遵照艾宾浩斯记忆曲线，制订一个学习计划，长期坚持，不但能够提高学习记忆力，而且能够帮助孩子树立学习的自信和兴趣。

（6）若孩子因为先天弱势导致的偏科，这不仅要靠学生自己的努力，更要找到相应的老师对学生进行方法和思路上的指导。

（7）在攻克弱势科目的时候，一定要注意优势科目的学习，也就是说，在日常的学习中仍然要给自己的优势科目一个固定的学习时间，这样才能在中考中取得理想的成绩。

心理训练　由紧到松之放松心理训练

步骤要领：放松的顺序为头部、颈部、臂部、肩部、背部。当然，这一顺序并不是不能打乱的，可以根据自己的爱好选择合适的放松顺序。大家可以在寒假练习，每天两次，坚持半个月便有明显效果。

（1）头部的放松。

第一步：紧皱眉头，就像生气时一样，保持10秒钟（可匀速默念1到10），然后逐渐放松。放松时注意体验与肌肉紧张时不同的感觉，即稍微发热、麻木松软的感觉，好像“无生命似的”。

第二步：闭上双眼，转动眼球。先使两只眼球向左边转，尽量向左，保持10秒钟后还原放松。再使两只眼球尽量向右转，保持10秒钟后还原放松。随后，两只眼球按顺时针方向转动一周，然后放松。接着，两只眼球按逆时针方向转动一周后放松。

第三步：皱起鼻子和脸颊肌肉（可咬紧牙关，使嘴角尽量向右边咧，鼓起两腮，似在极度痛苦状态下使劲一样），保持10秒钟，然后放松。

第四步：紧闭双唇，使唇部肌肉紧张，保持该姿势10秒钟，然后放松。

第五步：收紧下腭部肌肉，保持该姿势10秒钟，然后放松。

第六步：用舌头顶住上颚，使舌头前部紧张，10秒钟后放松。

第七步：做咽食动作以锻炼舌头背部和喉部，但注意不要完全完成咽食这个动作，持续10秒钟，然后放松。

（2）颈部的放松。

将头用力下弯，用下巴抵住胸部，保持10秒钟，然后放松，体验放松时的感觉。

（3）臂部的放松。

双手平放于沙发扶手上，掌心向上，握紧拳头，使双手和双前臂肌肉紧张，保持10秒钟，然后放松。接下来，将双前臂用力向后臂处弯曲，使双臂的二头肌紧张，10秒钟后放松。接着，双臂向外伸直，用力收紧，以紧张上臂三头肌，持续10秒钟，然后放松。每次放松时，均应注意体验肌肉松弛后的感觉。

（4）肩部的放松。

将双臂外伸悬浮于沙发两侧扶手上方，尽量使双肩向耳朵方向上提，保持该动作10秒钟后放松。注意体验发热和沉重的放松感觉，20秒钟后做下一个动作。

（5）背部的放松。

向后用力弯曲背部，努力使胸部和腹部突出，形成桥状，坚持10秒钟，然后放松。20秒钟后，往背后扩双肩，使双肩尽量合拢以紧张背上肌肉群，保持10秒钟后放松。

心理训练 责任心培养之心理训练

规则：学员相隔一臂站成几排（视人数而定），喊一时，向右转；喊二时，向左转；喊三时，向后转；喊四时，向前跨一步；喊五时，不动。

当有人做错时，做错的人要走出队列，站到大家面前先鞠一躬，然后举起右手高声说："对不起，我错了！"

做几个回合后，提问：这个游戏说明什么问题？

面对错误时，大多数情况是没人承认自己犯了错误；少数情况是有人认为自己错了，但没有勇气承认，因为很难克服这样的心理障碍；极少数情况有人站出来承认自己错了。

第五篇

中考生情感和生活心理辅导

家长良方 家长“十要”和“十不忘”

望子成龙、望女成凤，但不是谁天生就会当家长，家长的良方：“十要”和“十不忘”。

要孩子成才，父母首先应创建学习型家庭。“十要”包括：在家庭中要有一个读书角；父母要带头学知识、学技能；要经常和家人一起看书读报，讨论交流；遇到困难和矛盾时，家人间要相互理解；要经常与家人一起参加文娱和体育活动；要尊重孩子，学会倾听孩子的心声；要经常与孩子沟通，成为孩子的朋友；要多给家人一点微笑和赞美；要全面关心孩子成长，尊重孩子的兴趣和爱好；家庭成员之间要相互支持，实现家庭的可持续发展。

“十不忘”：工作再忙，也不要忘记抽出时间与孩子沟通交流；如果孩子有了点滴进步，不要忘记说一声“孩子，你真棒”；如果孩子犯了错误，也不要简单粗暴；如果孩子在学习中遇到困难，不要忘记说句鼓励的话；如果错怪了孩子，不要忘记说声“对不起”；如果孩子在做作业，千万不要影响他的学习；凡是孩子自己能做的事，不要去包办代替；如果你与孩子谈话，不要忘记弯下身段与他平等商量；如果你向孩子提出要求时，不要忘记把“补偿心”换成“平常心”；如果你拿到孩子的学习成绩单，不要盲目与别人攀比。

64. 孩子整日郁郁寡欢怎么办

中考生家长费女士：我女儿今年读九年级，学习成绩居中，喜爱写诗，乐于助人，最近发现她与班里一名男生交往甚密，好像就是早恋，不知什么原因，两人突然互不搭理了，该男生与另外一名女生来往频繁，我孩子开始远离他们，整日郁郁寡欢，上课时常走神、发呆。课余时间独处一角，不与人搭话，几次测验成绩都退步。真担心孩子再这样下去会影响学习成绩和中考，我该怎么做?

案例分析

处在青春期的孩子，开始注重自我的个性张扬，对异性存有的神秘感、新鲜感引发了探究心理，所以早恋是由进入青春期的中学生生理和心理变化导致的，是一种正常现象。但是当家长发现自己孩子早恋时，如果采用简单粗暴的干涉方法，很容易引起孩子的逆反心理，对于这些陷入“青春恋情”却又不知道真正爱情为何物的孩子来说，会因为家长的强行干预变得更加坚固，甚至会导致孩子对家长的不信任。

进入青春期后，随着生理的发育成熟，性意识的萌芽，男女同学都会产生对异性的好感和爱慕。费女士的孩子与班里一名男生相互产生了好感，交往甚密，这是一种正常现象。但是由于自己同班好友的介入，她产生了强烈的交往挫折感，认为男伴因别的女同学而疏远自己，觉得自己对异性的吸引力不如别人，自信心下降。

在孩子情感困扰上面，家长应树立正确的观点看待自己的孩子，不能在言语上进行斥责。老师向家长反映这类情况时，不要立马横加干涉，而是应该采取“怀柔”政策，耐心地教导，告诉他们如何处理同学之间的关系，特别是男女同学之间的关系，鼓励他们之间的正常交往，教孩子处理人际关系的技巧。

对孩子早恋的问题，家长的教育既要和风细雨，又要有一定的严肃态度，不能一味地埋怨、责备，要明白帮助孩子走出早恋的困惑是需要一定时间的。

金钥匙

（1）家长面对孩子早恋问题要心平气和地处理，要正确地认识，要认识到“早恋”是处于青春期的少男少女的正常表现，处在这一时期的青少年，对异性都会有一种特别的好奇和亲近感；假装糊涂、巧暗示才能保证孩子不产生逆反心理，并能很快调整自己。

（2）对孩子进行科学的性教育。父母对孩子的教育，本来就不应该回避“性”问题。由于影视娱乐界以及其他因素的影响，现在的孩子发育快，心智也更早熟，他们的性观念、性态度已不同于上一代的传统想法。对于性方面的问题，父母不要等到孩子产生了浓厚的“性”趣，甚至早恋之后，再对孩子进行教育。

（3）家长要正确和冷静地对待孩子的情感困扰。有些父母一提到异性朋友就想到早恋，一想到早恋，便想起性过错和性犯罪，于是谈“恋”色变，恨不得把男女同学们隔离开，老死不相往来。虽然父母们对此战战兢兢，但这样的教育方式没有起到丝毫的正面影响。一位女生对此就指出：大人们对这个话题如此敏感，我怀疑他们就是早恋过来的。

（4）转移孩子的注意力。许多孩子的早恋与生活单调、没有目标有关，所以充实孩子的生活，帮助孩子寻找生活的真正意义，可以转移孩子对早恋的注意力。

65. 父母如何面对孩子的性早熟

中考生家长霍女士：孩子读九年级了，就感觉孩子明显早熟，如喜欢在网上看女孩子图片。上次，我发现孩子手机里就有好多女明星的图片，听老师讲，孩子很喜欢跟女生搭讪，走得近，更过分的是，我上次就发现，他枕头下还有我的内衣，很担心孩子是不是有心理问题，我想问的就是，家长如何面对孩子的性早熟?

案例分析

在心理咨询中，我接待了很多由于性问题而苦恼不堪的青少年，这严重地干扰了他们的正常学习，有的甚至有轻生的念头。

其中一个重点中学的学生找我咨询，他因为手淫问题不能自拔，成绩一落千丈、困惑极了。原来，一个很偶然的机会他与同学出校玩，到一家电影院看录像片，看到半夜，录像厅里出现黄色镜头，这几个学生吃惊不已，并受到刺激，回校后，他就开始手淫，一发而不可收，几乎到了天天都要手淫的地步，一方面他感到一种罪恶感，另一方面身体也吃不消，上课没法集中注意力，他感到自己快完了。于是来看心理医生。

手淫而导致的心理问题，他没法跟父母沟通，学校也没有这样的课，他不知道怎么去处理。

最近，有一个家长急匆匆地找我，为他女儿进行咨询，他女儿问他一个问题，人为什么要活着？孩子这么小，就问父亲这样的问题，而且最近她情绪一直很低落。后来与那女孩进行沟通，才知道她情绪低落的原因：她身体发育快，初二就来月经了，她感到自己与别的同学不同，开始自卑。而她的父母还不知道这些，她也没有同父母沟通这方面的事情。

金钥匙

（1）对孩子进行性教育，父母不能遮遮掩掩、羞羞答答、答非所问。还有的父母更离谱，当孩子问母亲自己从哪里出来的，母亲说是从山里捡回来的，或是说从石头缝里蹦出来的，编些故事搪塞孩子，有的父母还斥责孩子，小小年纪怎么问这样一些问题，等等。父母的这些行为和想法都是错误的。

现在的孩子性成熟普遍提前了，父母应该多看些青少年性教育方面的书，然后，对孩子进行科学的性教育。这有益于孩子的身心健康和正确处理男女生之间的关系。

（2）父母可带自己的孩子参观性科学的展览，买些性教育的书和片子给孩子看，孩子不明白的，父母要认真耐心地给孩子讲解。

面对孩子的性成熟，父母应注意的问题：

（1）性教育工作要做在前头，不能等出事了，父母才慌慌张张地应对。很多孩子并不愿主动与父母谈性问题，父母应该学会察言观色，主动与孩子进行交流。

（2）父母要丰富孩子的课余生活，分散他们的性注意力，预防孩子的早恋，尤其是要预防孩子的早期性行为。

（3）父母之间的亲热举动，尤其是房事行为，应回避孩子。很多孩子出问题和他们长大成人后在性方面存在阴影，与小时候看到父母的房事行为有关，这是父母应该注意的。

66. 孩子为什么会出现恋母情结

中考生家长徐女士：因为工作原因，丈夫长期出差，儿子基本上是我带大的，最近一年，就发现孩子有些奇怪的地方，如晚上要跟我睡，说一个人睡觉害怕，还喜欢穿我的衣服睡觉，说这样才睡得香，孩子越来越大，快上高中了，不知道孩子的这些行为和心理是否正常?

案例分析

我记得当年学心理学，刚入道时，看弗洛伊德老爷子的书，里面的很多观点使我很困惑，如恋母情结，会有这样的事吗？后来，我随师父在社会上开设心理门诊，正巧就遇到多例恋母情结的求助者。当年的恋母情结一个个案是这样的：他是一名大学生，由父亲陪同前来的。他对其他任何女生都没什么兴趣，却对母亲情有独钟，十分依赖。通过咨询得知，问题出在他小时候，母亲对他爱护有加。孩子很大了也跟母亲同床，最要命的是母亲洗澡时也不回避孩子。问题严重了，父亲才领着儿子来看心理医生。

恋母情结大致有这样两类：一类对象指母亲，即对母亲有性幻想和性要求，这以青少年居多；一类指相似母亲的其他女人，如外形相似或个性相似等，这类人以成年男性居多。

产生恋母情结的原因大致如下：

（1）对孩子缺乏性教育。一方面父母对性教育知识了解甚少，没意识到性教育的重要性。另一方面，一些父母还以为性是无师自通，也不好意思对孩子进行性教育，认为孩子还小，没必要进行这方面的教育。

（2）单亲家庭的孩子。父母离异或丧偶，儿子跟母亲生活在一起，由于母亲在生活方面不够注意，如孩子该分床睡没分床睡，母亲洗澡该回避儿子时没有回避，这都会对孩子产生不利影响，母亲由于长期单身，而将情感转移到孩子身上，最后使儿子与母亲产生相互依赖。

（3）父母对孩子性生理、性心理发展知识十分缺乏。以致父母房事，母亲洗澡等没有回避孩子。

金钥匙

如何处理恋母情结的问题，通过众多心理咨询实践，关键还是在于预防。尤其是成年人的恋母情结，心理咨询效果并不好。由于恋母情结，找一个大自己好多岁的女人结婚，婚后美满和谐的并不多，头几年还可以，后期婚姻的质量开始下降，因为这样的夫妻生理和心理差异太大。恋父情结则不然，由于恋父情结而导致的男大女小式的婚姻，和谐的倒不少。

预防孩子产生恋母情结，父母都要掌握小孩性生理和性心理发展规律的知识。父母亲热行为和房事行为以及母亲洗澡等裸体行为都应该回避儿子。

对儿子进行正确的性教育，青少年时期性教育：讲解有关男女生殖器官的形态学和生理学知识；讲解月经、遗精现象及其生理意义和保健知识；如何正确看待自慰问题的教育，青春意识的正确引导；提供少男少女坦然、正常的交往机会，发展同学之间正常的友谊，引导孩子抗拒性诱惑和妥善处理两性交往等问题的能力，防止早恋和性罪错；对女孩还要加强自身保护的教育。避免在孩子头脑中形成“性”就是很“污秽下流”的印象，尽量采用“学术名称”，或者借用教材、录像带等资料进行教育。

67. 孩子为什么会出现恋父情结

中考生家长夏女士：以前，因为工作原因，我们夫妻两地分居，孩子主要跟他爸爸一起生活并长大，现在我工作调动，夫妻团圆了，但是明显感到，孩子跟她爸爸亲热些，有什么事情都问她爸爸，我好像是一个多余的人，有朋友提醒我，要注意孩子产生恋父情结，孩子快读高中了，我就担心孩子在性别心理方面出现问题，不知道该怎么做?

案例分析

在心理咨询中，我曾接待过好几例恋父情结的个案。有恋父情结的女性在我国还是一个不小的群体，那么为什么一些女孩会出现恋父情结呢？其原因大致有：

（1）单亲的小孩。父母离异或母亲早逝，女孩随父亲生活。由于从小就与父亲形影不离，很容易使女儿产生情感偏移。以后，将父亲形象投射到未来男友身上，由于同龄异性很少有与父亲形象相似的，因此，一般都是些年龄比较大或很大的男子，会吻合父亲的形象。这就是我们生活中常见的一个女子找了一个老头做丈夫的现象，即女孩存有恋父情结。

（2）父母之爱失调。一般来说，孩子较大之后，女孩喜欢父亲多些，男孩喜欢母亲多些。如果母亲由于工作忙或对孩子的爱少些，父亲管理孩子多些，会使女儿对父亲产生依赖，这对她们今后的婚恋选择会造成影响。

（3）孩子与异性接触少。孩子在青少年时代，父母就应该鼓励他们与异性多交流。如果孩子很少与异性交流和沟通，而她心目中的形象只有父亲，这样的话，可能会产生恋父情结。

（4）对父亲的崇拜。父亲很优秀，孩子对其他异性了解很少，很容易使孩子对父亲产生崇拜，而最终导致恋父情结。

金钥匙

（1）在女儿的成长过程中，父母要注意，切记要对女儿做好性教育，尤其是父亲要注意引导女儿，当女儿对其有很多亲昵行为时，父亲不能听之任之，该回避就得回避，要鼓励女儿多与异性同学交流。

（2）鼓励女儿多看一些成功男士的书，不能让女儿心目中只有父亲的形象。

68. 别把你家的男孩当女孩来养

中考生家长阮女士：我们家族男孩多，我很希望有个女儿，但是，恰恰我生的又是男孩，可能是种心理期望，小时候就按女孩子的要求来培养他，如小时候练习钢琴，给他扎辫子等，孩子现在大了，马上就要读高中了，感觉他缺乏阳刚之气，我非常担心他今后的健康成长，不知道我这样的担心是否多余?

案例分析

在生活中，我们时常看到留着辫子的男孩子或穿着花衣服的男孩子，他们在人群中格外引人注目。孩子的这些表现当然与其父母有关。也许父母是无意的，话虽如此，但这对他们今后的人生会产生很大的消极影响。

把男孩当女孩来养，容易导致孩子性别感错位，现在大部分家庭是独生子女，家里把男孩当女孩养，女孩当男孩养的情况不难见到。结果有些男孩长大了行为类似女生，经常遭人嘲笑，要经过艰难的抵抗，才能恢复“正常”。

性别角色是以性别为标准进行划分的一种社会角色，它决定着一个人的行为模式。如人们要求男性行为体现出阳刚之气，女性行为表现出阴柔之美。虽然男女性别是由遗传决定的，但性别角色却是在儿童时期受到成人影响、教育的结果。对孩子性别教育的缺失，是不利于孩子的健康成长的。很容易造成孩子性别角色的错位，带给孩子的将是心灵的扭曲和伤害。

一个人一生有很多个性特征和习惯在童年和少年时期就基本形成，以后要彻底改变它非常困难。父母把自己的男孩当成女孩子来教养，其危害表现在：

（1）日后变成娘娘腔，阳气不足。这样的人成年后缺乏开拓精神，没有号召力，他们大多喜欢平淡的生活。

（2）性格存在缺陷。父母在孩子小的时候，刻意把他女性化，孩子会潜移默化地养成一些女性的特征和习惯，当他们长大了，这些习惯就会保留下来，要想改变着实不易，这样的人今后缺乏刚毅，没有主见，不开朗、不合群。

（3）导致同性恋倾向。我们在大学生中经常开展心理咨询活动，发现具有同性恋倾向的大学生还是一个比较大的群体。如有个大学生咨询时，问我为什么他对异性没有兴趣，反而对同寝室的一个男生十分喜欢。通过观察他的言行举止，我就发现他十分女性化，尤其是挥手的动作，简直就是一个女人的行为表现。咨询得知，他小的时候，家里全是女的，就他一个男孩子，姐姐们、小姨们都很喜欢他，他也喜欢与她们在一起，也喜欢她们的一些生活用品，他还讲了一个细节，喜欢小姨给他扎的小辫子。

父母在教养孩子的过程中，要本着科学的态度，不要认为孩子还小，这么教育他不会出现什么大问题，更不能凭自己的喜好而为所欲为地教养孩子。不科学的教育伤害的是孩子。

金钥匙

（1）帮助男孩建立正确的性别观念。人的性别在受精的一刻就决定了，但是在心理层面上，性别的心理发展是从 3 岁至成年的这段时间，在青春期达到高峰。3 岁左右的孩子，就会清楚地知道自己是男生或是女生，可是也会好奇地询问，为什么女生要穿裙子留长发、玩扮家家酒，而男生穿裤子、留短发、玩骑马打仗的游戏，这些是儿童性别心理发展的开始。这个时候，妈妈要注意的是让男孩懂得保护自己的身体，还有就是让男孩对身体的各个部位有正面的意象。有研究表明：作为独生子女的男孩，从小受父母长辈的宠爱，户外运动少，喜欢在家里看卡通片、玩电脑，习惯了跳跃式、非逻辑思维方式，不懂感受周围的人、事，容易变得自私冷漠。部分男孩到了婚龄，心智仍然像个孩子，担当不了重担。因此，妈妈培养男孩的性别意识，应该越早越好。

（2）对男孩把握分寸。现在的孩子都被宠得太过娇气，父母们总是喜欢包办孩子的一切事物，完全没有给孩子选择的余地和权利，这样不利于孩子的成长。其实在教育男孩的时候，妈妈应该把握好分寸，给男孩机会。当孩子想要勇敢地尝试一件事情的时候，父母在保证孩子安全的前提下，应该放手，让他去尝试。相信孩子，给孩子鼓励，失败了没有关系，大不了重来，要让孩子学会越挫越勇。在养育男孩的过程中，不能管得太过严格，当然也不能放任不管，一定要把握好分寸。

（3）对男孩适当放手。有些父母喜欢以孩子太小为借口剥夺孩子的选择权利，这样只会让孩子的逆反心理越来越强，在养育孩子的过程中，父母要学会适当地放手，相信孩子，给孩子动手和选择的机会，父母只有适当地放手，才能给孩子锻炼和独立的机会，孩子不可能永远在父母的羽翼下成长，他们需要自己独立，不然以后很难有出息。

（4）对男孩要有耐心。对待男孩子最需要的就是耐心，不急不躁的父母才能养成孩子的好性格。虽然男孩比女孩更调皮，但是父母还是需要有更多的耐心，耐心地给孩子讲你的规则，而且男孩一般吃软不吃硬，所以父母多点儿耐心，才能让孩子更好地成长，形成更好的性格，孩子将来会一天比一天优秀。

（5）自然地告诉男孩性知识。在生活当中有很多自然的方式，可以让男孩认识自己的身体。例如，给男孩洗澡时，可以告诉他身体每个部位的名称以及功能，把洗澡变成一个有意思的游戏。在公共场所需要换衣服时，告诉他不要在大庭广众之下换，应找一个有遮蔽的地方，因为身体中有些部位是隐私的。男孩就会自然地了解到自己的性别，并认识到男女的区别。

（6）当孩子提出性问题，父母应该尽量用简单的语言告诉他，这些都是自然的东西，让孩子对身体有正确、科学的认识。父母应大方地提到“乳房”“阴茎”等字眼，就像告诉他这是橘子，那是“芭乐”一样自然。但是一定要记住同时告诉孩子，人的身体有些部位是隐私，隐私是不能裸露在外的，否则将会很难为情。

父母首先要端正自己的思想，这样才能给男孩正确的引导。男孩关于性的提问，就和“今天晚上吃什么”一样，是非常单纯的。父母需要一个很直观的回答，太多太深入的解答，反而会让男孩觉得困惑。

（7）对男孩进行性道德教育。性教育，关系到男孩身心能否健康成长，也关系到家庭和社会的安定。父母要教育男孩尊重自己和别人的隐私。隐私的概念应该从开始进行性教育时就灌输给男孩。父母要告诉男孩，生殖器是人的隐私部位，在没有得到允许的情况下，其他人无权看或摸这个部位。

父母要通过非语言行为向男孩传递正面的信息，如夫妻之间相互尊重、忠诚、共同承担家务、尊老爱幼、助人为乐、文明礼貌、对工作认真负责、诚实守信等为人、做事的原则，这是对孩子最好的教育。

69. 别把你家的女孩当男孩来养

中考生家长荣女士：我的女儿成绩不错，很少让我操心，性格也比较活泼，但是，有一点不好，就是她不爱跟女生们在一起玩耍，像个假小子，不知道这样下去好不好?

案例分析

在广大农村和一些中小城市，一些父母生了女孩，内心未免有些失落，大概是一种心理满足吧，生活中，他们总把自己的女儿当成男孩来教养，如穿男式的衣服，理男式的头发，鼓励孩子在男孩群里玩耍。有的父母虽没有这么明显，但父母的长吁短叹，也在孩子小小的心灵里烙下印记，女孩也发誓，要像男孩那样生活，让父母心满意足。这一类的女孩子，就是我们经常听说和看到的那些“假小子”。

“假小子”在儿童时代和青少年时代心理问题并不十分突出。根据我长期的心理咨询实践，她们在成年后心理问题表现明显，这个时候让她们再改变，回归女性群体，为时已晚。她们的心理问题表现在：

（1）缺乏女性阴柔之美，脾气男性化，行为男性化，这会极大地影响她们今后的婚姻生活。我曾咨询过好几位这样的女性求助者，都是因为与丈夫合不来，导致婚姻危机的。

（2）人格异化，由于从小到大她们远离女孩群体，使得她们慢慢失去女性品质。有时候，她们自己都不知道自己是男是女。这类女性有一部分表现出同性恋趋向、易性癖趋向和异装癖趋向，严重的甚至导致性变态。因为，她们有这些异常行为表现，不容易被大众群体接受，并受到人们的歧视，这对她们人生的成功、成才，都有很大的冲击和影响。

（3）“假小子”既难以融入女性群体，也难以融入男性群体，在单位里人际关系并不和谐，有的甚至很糟糕。因此，她们的生活和工作往往不尽如人意。

因此，广大父母教育孩子时，要以科学的态度，严肃对待，不能以个人喜好，为所欲为地去教育孩子。

金钥匙

（1）重视对孩子的性别教育，做健康的性别榜样。孩子 3 岁前就该培养性别意识。如果是男孩，父亲要多陪孩子玩，如果是女孩，母亲要多与其相处。但也要结合孩子的脾气秉性，不必刻板地按照男强女弱的模式去塑造孩子，允许孩子发展自己与生俱来的气质。如果家里拥有健康的性别榜样，孩子就能培养起健康的性别认同。这与父母如何对待孩子有关，也与父母之间如何相处有关。现代社会虽然性别差异正在被缩小，母亲却依然是孩子的主要照顾者，如果父亲每天来去匆匆，很少照顾家庭，而母亲感到委屈和气恼，那么孩子很有可能也会有相同的感受。如果父母不仅对工作满意，且认为家庭比工作更重要，孩子就会从中受益。父母之间爱的表达对孩子来说也影响深远，当父母相互尊重、体贴，坦然地表达爱意，孩子将来也会自然地向他所爱的人表达爱意。

家长应淡化对孩子性别的期待，树立“生男生女一样好”的观念。要根据孩子的性别，选择对待方式，避免孩子形成错误的性别意识。

（2）孩子对于自己性别的认知完全来自父母的引导。父母无意的差错，可能会形成孩子的误解。父母的装扮和形象，会直接影响到孩子对性别的认知。如果女孩有一头漂亮的长发，经常穿公主裙，妈妈却总是板寸头和工装裤，女孩很可能会对女性形象产生迷糊，进而怀疑大人对自己“你是女孩”的教导。同样，爸爸人高马大，却从不干家里的体力活、脏活和重活，若想教导儿子“你是男子汉”“男生是家里的顶梁柱”，这样成功的可能性不会很大。

男孩在 3 ~ 4 岁以后应多接触父亲等男性榜样，如果此时接触不到应有的男性榜样，性心理发育可能会受到挫折，导致性别认同混乱。在有些女性化男孩的家庭中，常常是母亲作主、父亲惧内，这些孩子自幼崇拜女性，处处以母亲为榜样，就可能潜移默化地发生性别认同混乱。

70. 孩子物质欲求太强怎么办

心理咨询师：在每年对中考生进行减压心理援助活动中，我们经常使用图排心理分析，对学生做心理健康调查，调查发现，现在孩子的物质要求比较强烈，如在一千多张图片中，让孩子选择喜欢的三十张图片，发现很多孩子挑选出喜欢的图片中，有很多水果类图片、蔬菜类图片以及首饰类图片等，这些都投射出孩子物质欲求比较强烈。

案例分析

物质欲求，就是人们对生活中一些物质的欲望和需要。从本质上来说，人类的物质需求是极其有限的。在原始社会中，人和其他动物的需求没有什么不同，除了食物和种族延续的本能，再就没有什么了。随着人类社会的发展，人的物质需求被越来越多地开发出来，除衣食住行的需求外，还有了诸如娱乐、美、别人的尊重、荣誉等其他新的需求。而且这些需求被分成越来越多的档次，衣服有品牌的区别；食物有所谓的层次区别；房子有大小的区别；汽车有档次高低的区别。对于青少年来说，太多太快地得到物质需求的满足，他们长大成人后难以应对人生的挫折。他们有一种扭曲的权力感，会阻碍他们在工作单位和人际关系中取得成功。对孩子放纵的家长会使孩子将来更易于焦虑和沮丧。溺爱的结果是造就了孩子自我的性格会危害精神健康。我国在改革开放过程中所倡导的“物质文明”和“精神文明”的实质就是指物质需求的科学性、合理性和精神需求的正确性。物质欲求强烈，可投射其精神的贫乏状态以及虚荣心理。

金钥匙

（1）要对孩子进行理想教育。

1）认真观察因势利导。作为家长要对孩子的理想有所了解。第一，目标明确。不少孩子会以身边或媒体宣传的自己敬重的人作为理想目标。第二，与兴趣、爱好、特长相关。如爱好唱歌的希望将来当歌唱家，喜欢跳舞的希望当舞蹈家；喜欢画画的希望自己成为画家；爱好踢足球的，希望将来能成为马拉多纳或者罗纳尔多。第三，不稳定性。孩子们年少思想不够成熟，所以追求的目标往往不够稳定，今天喜欢唱歌，明天喜欢跳舞，今天喜欢画画，明天喜欢足球，正所谓少年多志，理想多变。

作为父母，应在日常生活中认真观察孩子的兴趣所在，因势利导，及时为孩子播下理想的种子，并将孩子的理想目标细分为若干个小目标。孩子每达到一个小目标，或者每天取得一点进步，父母都应及时鼓励。制订个人计划的时候必须尊重孩子的选择并得到孩子的同意，不可盲目地把自己的喜好一股脑强加给孩子。父母和孩子一起拟定一个大的计划，然后具体到年度、季度甚至到每周。结合实际，主次分明地选择学习项目，合理安排学习时间。父母可以参照教师的教案方法帮助孩子逐步完成整个计划，教育上操之过急和缓慢滞后，都会摧残孩子正常的心理发育，唯有循序渐进才能达到自己的理想。当孩子遇到挫折时，父母应适当提供帮助，帮助孩子共同克服前进道路上的困难。这样，即使孩子最终没有达到理想的目标，也体验到了为理想奋斗的乐趣，他的人生也会因此而丰富多彩。

2）引导孩子多读名人传记。为了帮孩子树立理想，家长可以多给孩子讲一些名人成才的故事，引导孩子多读一些名人传记，并撰写心得体会，让孩子汲取名人的精神力量，渐渐树立自己的理想，并为之奋斗。

教育家陶行知先生说过：“给你一座高山，自己去攀登，而你要做的就是坚持下去。”有一个坚定的目标并且持之以恒地努力下去，成功就不会太遥远。

3）帮孩子寻找生活的真谛。对于家长来说，首要问题不是去帮助孩子树立理想，而应帮助孩子认识社会、感受生活。孩子对社会的认识深刻了、对生活的感受丰富了，自然就会有自己的理想和人生目标。等孩子有了独立的思维，他就会发现自己真正想要的东西，并会为之奋斗。对于父母而言，帮孩子寻找生活的真谛，就是教给孩子如何树立理想。至于孩子的具体理想，相信孩子会给我们一个惊喜。

（2）要对孩子进行勤俭节约教育。

勤俭节约是中华民族的传统美德，勤俭是指对财物进行合理分配，节约是指珍惜劳动成果，是对劳动创造者的尊重。古人以勤俭为美，认为勤俭节约的生活才是最舒适的生活。然而，随着时代的变迁，人们开始渐渐迷恋奢华的生活，而直接受影响的，就是我们的下一代。

1）父母自身要勤俭节约。宋朝开国皇帝赵匡胤生活俭朴，反对奢侈。一次，他见女儿穿了一件用翠羽装饰的短袄，就命令她脱去，以后不许再穿。在他的影响下，一时节俭风气举国盛行。封建时代尚且如此，更何况现在。

2）指导孩子如何用零花钱。首先，家长给孩子零花钱要有计划，要限制数额，不要有求必应。应根据孩子年龄大小、实际用途和支配能力，定时定量给予。读一二年级的孩子，每次可少给些，时间间隔可短些，随着年龄的增大，一次可给得稍多些，时间间隔也可长些，如每星期或每十天给一次。其次，家长要过问孩子把钱花在了什么地方，每次给钱时，可让孩子说说上次的零花钱用在了哪里。用得不当，应予批评，甚至可以暂停“援助”。有些家长要孩子记账，过几天查一次账，这不失为一种好办法。另外，家长要鼓励孩子该用钱的地方要大大方方地用，能少用的就不要多用，能不用的尽可能不用。总之，要教育孩子既不乱花钱，也不要养成吝啬的性格。

3）要经常给孩子讲勤俭持家的故事和道理。让孩子懂得一粒米、一滴水、一度电来之不易，都是人们辛勤劳动换来的。历史上的陶侃（东晋时大官）受他母亲良好的教导，一生勤勉俭朴，连造木船剩下的碎木屑都收藏好，备之以后用，这一美谈流传至今。

4）要让孩子从小养成节约的好习惯。养成勤俭节约的习惯，既能培养孩子合理分配财物的能力，又能锻炼孩子独立生存的能力。能够做到勤俭节约的孩子，我们要经常夸奖他们有出息、会过日子。

使用学习用品要节约，一张纸写错了字，擦掉还可以用；生活上也要讲节约，衣服破了个洞，补好了还可以穿，人离去灯要熄灭，等等。

5）要培养孩子理财投资意识。新加坡的青少年在这方面受到的教育是首屈一指的。“节俭和储蓄是美德”这种传统的价值观在人们生活中始终牢固不变。由社会、学校合力引导孩子学会花钱、学会节俭。

71. 孩子心态很消极怎么办

中考生家长：我儿子总是有很多令我头疼的事情，据班主任反映：他和班级同学关系极为紧张，原因是他经常到班主任那里告其他同学的状，今天告这个同学，明天告那个同学，和他有关系的事要告状，和他没有关系的事也要告状，一天跑无数次班主任办公室告班级同学的状，他告的状，有的是根本不值一提的小事，可他却郑重其事，不依不饶；有的是夸大其词，甚至是误解。一开始同学们任由他告状，可天天如此，同学们都觉得他非常讨厌。班主任老师也觉得他是小题大做，于是，干脆限制他每天到办公室告状的次数。因为他这样做一方面严重影响了同学关系；另一方面也影响了班主任备课和批改作业。我们家长也发现孩子一些心理问题，如比较自私，比较消极，心胸比较狭隘等，不知道该怎样去教育这样的孩子?

案例分析

有些孩子因受家庭的影响表现出狭隘、自私等消极心理。如果这些消极心理状态不断受到强化和积累，严重到一定的程度，就会变成一种相对稳定的心态，这时其心理和行为就会与周围其他人有明显的相对稳定的差异，就会对事物产生一些反常的、特殊的，或者过于亢奋、过于消沉的行为反应。这时的消极心态就不再是短暂的心理反应，而是属于一种异常心理。有这种异常心理的人，看待事物、看待生活，更多地看到的是阴暗灰暗的一面。西方有句谚语说：同样是半杯水，有人看到的是满的半杯，有人看到的是空的半杯。后者就是心态消极的人。可以说，上面讲到的那位非常热衷于向老师告状的中考生，就具有消极心态的特征。

消极心态，是指人因受自身或外在因素影响，而不满意自身条件或能力，进而造成信心的缺失。消极心态产生的原因：因生理、心理、社会等原因的影响，个体心理的各个方面都有可能出现消极化倾向。心态是我们命运的控制塔，消极心态是失败、疾病与痛苦的源泉，而积极心态则是健康与快乐的保证。

我们眼前的任何事实都不如我们对它所持有的态度那样重要，因为那会决定我们的成功或失败。你对某件事情思考的方式，可能在你有所行动之前，就已将你击垮。你被事实所征服，只因你以为自己会这样。因此，我们必须培养积极的心态。积极心态的表现：

（1）远大理想和明确的目标是积极心态的重要表现。没有远见的人只能看到眼前的琐事，个人的精力被这些琐事所消耗。有远大理想的人则具有远见，远见使人站得高，看得远。

（2）坚定的自信心。具有积极心态的人能正确认识自己的能力和优势，把握适合自己的机遇，信心十足地实现它。有人说："心存疑虑，就会失败；相信胜利，必定成功。相信自己能胜出的人，定会成就大事业；认为自己不能的人，一辈子一事无成。"

金钥匙

（1）父母要为孩子营造快乐的生活环境。父母要多关注生活有趣的一面，留意日常生活中的幽默，并把愉快的情绪传达给孩子。多关心孩子，多鼓励孩子，多和孩子一起体验快乐，让孩子在乐观中逐渐找到生活的自信。

（2）引导孩子看到事情积极的一面。对于同一个问题，如果看开了，就是快乐，如果看不开，就是烦恼。因此，父母要经常用积极的一面来鼓励孩子，让孩子形成正向的思维方式。

（3）父母要用积极的生活态度来培养孩子，只有乐观的父母才能造就乐观的孩子，父母积极的生活态度才能培养孩子积极的生活态度。

（4）不要把自己的意愿强加给孩子，有些事情大人觉得没意思，孩子却很喜欢。大人认为孩子会喜欢的东西，孩子得到了却并不高兴。

（5）改正孩子抱怨的毛病。现实社会中那些抱怨不停的人，生活往往也是一团糟。因为抱怨于事无补，浪费人的精力，还让人永远找不到方向，所以，千万不要让孩子形成抱怨的习惯。

（6）让孩子远离特别悲观和喜欢抱怨的人。悲观的情绪容易传染，抱怨也容易传染，不要让孩子跟有这两种心理倾向的人接触，他们只会带给孩子糟糕的心境。虽然习惯的养成并非一日之功，但只要家长有耐心和恒心，孩子的性格一定会慢慢改变，一定会成为一个阳光、快乐的优秀孩子。

72. 孩子中考后需要注意哪些问题

中考生家长：中考结束后，很多考生们终于可以放下包袱纵情娱乐，家长也终于可以如释重负地松一口气了。很多考生为了放松开始疯玩，还有的考生则陷入悲观失望的情绪中。一些考生的心理压力非但没有消失，还会产生突发性心理冲突和生理紊乱现象。我在媒体上看到一些中考生中考结束后出事的报道，我也为自己的孩子感到担忧，我要问的问题是，孩子中考后需要注意哪些问题？

案例分析

中考结束后，中考生会出现的心理问题有：

（1）过度焦虑。据相关部门的统计，中考结束到录取结束这段时间最容易被忽视，60%~70% 的考生都会产生不同程度的“焦虑”，有近 20% 的考生会因为过分焦虑而影响到正常生活。如果说等待是难熬的，那么中考之后对考试成绩的等待是更难熬的，很多考生从考试结束的那一刻起，就开始担忧考试成绩，担忧能否考进重点高中，以致整日闷闷不乐、胡思乱想、寝食难安。中考考试后出现适当的紧张、担忧是一种正常的心理状态，但是过度担心就不正常了，有些考生甚至足不出户，觉得自己考砸了，将自己封闭在家里。

（2）过度懊悔。中考结束，几家欢乐几家愁，有考到理想学校的，必然也有考试失手的。"怎么就没有看清楚题目呢？""如果我当时认真点，这个题肯定不会错，我的分数肯定会比现在多，我也能上重点了……"每年在考分公布、发放录取通知书时，考生们往往会出现这样的情绪。那些因为粗心大意，因为平时成绩差，因为发挥失常的考生都会懊恼不已，甚至自怨自艾、自暴自弃。他们常常表现为烦躁易怒、寝食难安以及情绪消极或冲动等。

（3）考试成绩公布时，也是出现心理问题的高发期，有的考生把中考的失败看作前途的终结，整日长吁短叹、愁眉苦脸，反复咀嚼自己失败和痛苦的情绪体验，只看到自己的缺点，看不到自己的优点，总觉得自己的能力不如别人，低人一等。有些考生可能因成绩不理想，受到家长、朋友的嘲讽，于是内心愧疚，妄自菲薄，不求上进，整天闷在家里，不去会亲拜友，过分地自我封闭，从而形成了严重的孤独心理。

金钥匙

（1）选择有益的文体活动，玩电子游戏要适当，最好的是去参与户外活动，如踢球、旅游、参观等。

（2）参加一些平时有兴趣但是没有时间的兴趣班，不仅愉悦了心情，还学到了更多特长，通过社会交往得到有益的锻炼。

（3）不要过于放松自己，把松懈的状态引导到正常的紧张状态，也需要时间调整，所以有节制地放松，进行适当的课程预习也是有益的。

（4）做一个假期计划，参加活动、学习兴趣、课程预习、参观旅游，等等，家长和孩子都可以通过沟通、配合，做一份适合自己情况的计划安排，让这个假期有意义、有成长，成为进入高中生活的中途加油站。

（5）认识自己，看淡成败。中考后既不可悲观失望，也不能盲目乐观，要正确评价自己，愉快地接纳自己，既要看到自己的优点，也要看到自己的缺点、弱点和不足，制定正确的奋斗目标，寻找合适自己的方向。分数是不能改变的，这是个现实，但是可以改变的是自己。分数是对学习的检验，有一定的科学性和合理性，但却不是唯一性。考生一旦对自己有了一个正确的评价，也就能够比较客观地对待中考的成败得失。

第六篇

附　录

家长良方 让孩子有一技之长

根据孩子自己的兴趣，让他学习一种技能，如演奏某种器乐、绘画、武术、舞蹈等，使其能在同龄的孩子中出类拔萃，这能为孩子的成功开辟一条新的途径。一技之长对孩子成长的真正价值并不在一技之长本身，不少孩子在长大以后可能对此技能已经兴趣索然了，或者只是将它作为工作之余的一种生活调剂而已。一技之长的真正价值在于它能给孩子自信心，使孩子从内心感受到自己是强者。

一例中考生图排作品和心理分析报告

第一节　中考生强强的图排作品

姓名：强强　　　　性别：男　　　　年龄：15 岁

图片的编号	喜欢图片的原因
1.E142 	八卦的阵势是那么神奇，总是有即是无，无即是有
2.E18 	古典的风采是那么吸引人注目
3.A522 	一个独具特色的思想者
4.B7 	狼狗的威风是那么霸气

续表

图片的编号	喜欢图片的原因
5.B24 	蝴蝶为大自然增添了一份光彩
6.C25 	树木永远是那么挺拔向上
7.E4 	时间会让一切事情尘封
8.E1 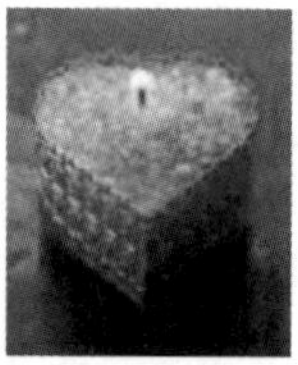	爱心是伟大的
9.H1 	夕阳的余光永远是那么美
10.H28 	冰川的里面仿佛雕刻一样

续表

图片的编号	喜欢图片的原因
11.E20 	双龙戏珠的画面是那么闪耀
12.J15 	发射导弹总是那么宏伟
13.I42 	橙色意味着美好的象征
14.B15 	贝壳永远是在那一刹那绽放它美丽的光彩
15.C21 	树木利用顽强的生命力存活，吸收空气中的二氧化碳释放出新鲜的氧气
16.H4（代表自己，留下最后 1 张图片） 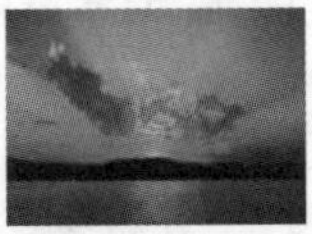	火烧云仿佛预示着有什么稀奇的事情发生

续表

图片的编号	喜欢图片的原因
17.E27 	品茶时的韵味无法用言语来形容
18.B202 	蜜蜂总是为大自然默默地奉献
19.E96 	蜡烛的火焰象征着希望
20.E158 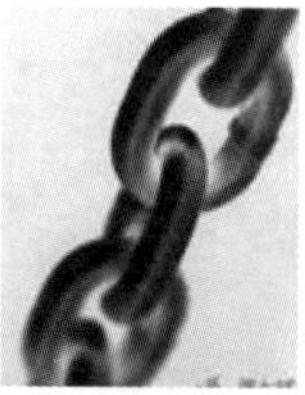	锁链锁住了我的心扉

第二节　中考生强强图排心理分析报告

图排心理分析，亦称图像排列心理游戏疗法，是来访者通过对自己选择的一组图片进行自由排列，心理咨询师对其进行心理分析、诊断、咨询和治疗于一体的一种游戏式心理治疗，其理论基础是荣格的思想和心理投射理论。它在来访者不用说出自己秘密的情况下，以游戏的方式来放松、减压、思考、领悟等，达到心理治疗的目的。来访者通常说不出自己的困难、痛苦或冲突的来源及解决方案，或对自己的心理缺乏理智上的了解。图像排列心理治疗，可以通过主动想象和创造性象征游戏的运用，制造从潜意识到意识，从精神到物质，以及从口语到非口语的桥梁，从而使自己受到领悟，进行自助。它是一种心理疏导手段，是通过对各种人物、动物、植物和其他图片排列来进行心理治疗与心理辅导的一种方法。

来访者强强，男，15 岁，中考生。通过图排进行心理分析，情况如下。

一、来访者心理积极性的表现

在图排心理游戏过程中，发现来访者作品中出现一些积极的主题，积极的主题反映了人一种积极的心理状态，也反映着来访者内在的积极变化，它有利于人格的整合和自性化，有利于维护其心理健康。该作品积极的主题有：宗教的主题、传统文化的主题、榜样的主题、蜕变的主题、正直的主题、时间的主题、爱心的主题、风景的主题、吉祥的主题、奉献的主题、健康的主题、交流的主题和希望的主题。该来访者积极的主题比较多，表明来访者维护心理健康的意识比较强。

二、来访者存在的一些心理问题与困扰

（一）来访者情绪容易冲动

（1）青少年高度的兴奋性、激动性、紧张性及冲动性。其一，

高度的兴奋性、激动性，这是指盼望的目标达到和需要得到满足之后，随之而来的紧张性解除时的情绪体验。青少年一旦处于这种激情状态中的时候，会竭尽全力地表达内心感受，充分释放自己的心理能量。表现为欣喜若狂、大喊大叫等；其二，紧张性及冲动性，指由于受到一些事物或对象的再三妨碍和干扰，使个人的愿望不能达到或产生与愿望相违背的情景时，逐渐积累而发生的情绪体验。青少年处于这种激情状态中，会感觉到自己的情绪越来越高涨，身上就像着火似的，难以控制。表现为暴躁、激愤、狂怒等。其原因有：青少年还不太善于控制和调节自己的情绪；自我监督能力还不高等。

（2）情绪、情感体验不平衡性。由于青少年时期身体迅速长高，力气增强，精力旺盛，能够参加一些比较繁重的体力劳动，并具有一定的知识、技能和独立工作能力，他们感到自己已经长大成人，希望像成人那样干出一番事业来，并极力表现出成人的作风和气魄，同时也要求别人尊重他们的意志和人格。少年时期学生的这种成人感是少年自我意识急剧发展时期的一个特点，是个性发展的转折点，充满矛盾和斗争。在主观上他们感到自己是成人，有能力、有气魄，但在客观上他们的思想和行动还未脱稚气。如有时他们会保护小学生，帮助老人，富于同情心；有时又毫无理由地欺侮小孩子、小同学。所以说有了不良情绪我们就应该根据不同的情况和个人的特点灵活地加以调控。

（二）来访者情绪低落

这样的学生表现出忧愁、语音低落、言语和动作明显减少、自我感觉不良，常常自卑和自责。情绪低落时常常伴有某些生理功能的改变，如食欲减退或睡眠障碍等。

（三）来访者存在压抑心理

压抑心理指个人受挫后，不是将变化的思想、情感释放出来，而是将其压抑在心头，不愿承认烦恼的存在。压抑能起到暂时减轻焦虑的作用，但不是完全消失，而是变成一种潜意识，从而使人的心态和行为变得消极和古怪起来。其特点如下。

（1）内向性。当个体与外界现实发生矛盾时，个体不是积极地去调整与外界的关系，而是选择退缩、回避矛盾，退回到个人的主观世界，自我克制、自我约束、息事宁人，以求得心灵上的安静。

（2）消沉性。回避矛盾不等于解决矛盾，只要矛盾存在，就不可避免地使个体体验到不愉快的情感。这种感情与日俱增，逐渐使整个心理消沉下去，心理压抑者自我感觉往往是不好的。

（3）潜意识性。受挫的思想与情感压抑在心头，久而久之，就会转化为潜意识。潜意识又支配人的需求和动机，例如，一个事业上屡遭失败的人很想干一件一鸣惊人的事情，如制造一出事端等；又如越是禁止的事物，人们越是想去打听其奥秘等。心理压抑与自我克制不同。自我克制是在理智支配下，在一定场合对自己的情绪、行为作适当的控制，这是人适应环境的一种行为表现。而心理压抑则是无论在什么场合下，对自己的情绪、思想、行为所作的过分地压制，其结果往往导致行为异常。因此有必要对压抑的成因进一步分析。

（四）来访者强迫型人格特点比较明显

学生强迫型人格特点一般有：追求完美、注重细节，爱整洁、做事缓慢，固执求全、谨小慎微，一丝不苟，十全十美，事前反复推敲、事后后悔自责，做事井井有条。希望遵循一种他所熟悉的常规，认为万无一失，无法适应新的变更。缺乏想象，不会利用时机，做事过分谨慎与刻板，事先反复计划，事后反复检查，不厌其烦。犹豫不决，优柔寡断。强迫型人格具体行为表现有三个方面：

（1）心里总笼罩着一种不安全感，常处于莫名其妙的紧张和焦虑状态。如门锁上后还要反复检查，担心门是否锁好，写完信后反复检查邮票是否已贴好，地址是否写对了，等等。

（2）思虑过多，对自己做的事总没把握，总以为没达到要求，别人一怀疑，自己就感到不安。

（3）行为循规蹈矩，不知变通。自己爱好不多，"清规戒律"倒不少。处理事情有秩序、整洁，严守时刻，但对节奏明快，突然而来的事情显得不知所措，很难适应，对新事物接受慢。总之，强迫型人格总是给人以刻板、僵死、缺乏生命活力的印象。

三、针对来访者存在的心理问题的建议

（一）学会做情绪的主人

（1）注意力转移法。当人的情绪激动时，为了使它不至于爆发和难以控制，可以有意识地转移注意力，把注意力从引起不良情绪反应的刺激情境转移到其他事物或活动上去，这种改变注意焦点

的方法即注意力转移法。例如，做一些平时最感兴趣的事，这样就可以使人从消极情绪中解脱出来。又如苦闷、烦恼时，不要再去想引起苦闷、烦恼的事，而是要将注意力转移到有兴趣的活动中去，可以去游戏、打球、绘画、下棋、听音乐、看电视、阅读报纸等。

（2）情绪宣泄法。合理地发泄消极情绪，也是排除不良情绪的积极方式。发泄是心理学中提倡的心理防御机制之一。当一个人在生活或工作中受到挫折或打击后，由于种种原因，当时无法将受到的委屈或不满表现出来，只好把这种负性情绪压抑下去。但由于人的心理承受力是有限的，不良情绪长期积郁在心中，人的心理就会出现严重的失衡，也很容易导致疾病。为了维持自身的心理平衡，人们就需要去寻找一个恰当的对象将个人的消极情绪予以宣泄，使心中积压的负性情绪得以稀释，从而摆脱这种负性情绪的干扰，保持心理平衡。因而，宣泄可能帮助人们排遣不良情绪。发泄是无须任何心理准备或技术要求的，问题是我们常常受到这样或那样的观念与框框的束缚，发泄往往得不到公正的评价，因而令不少人即使内心非常苦闷，也不敢轻易流露，从而郁积在心里，成为一种更可怕的挫折或者打击。所以，人有苦闷就应该发泄，只要手段正确、分寸恰当、宣泄合理。

1）在适当的场合哭一场。从科学的观点看，哭，是一种有效地解除紧张、烦恼与痛苦情绪的方法，尤其是对突如其来的打击所造成的高度紧张、极度痛苦，可以起到缓解作用。科学家认为，人在悲伤时不哭是有害健康的。哭虽然会扰乱人体正常的生理功能，使人心跳、呼吸变得不规律，吃不好，睡不好，但对人又有有益的一面，因为人在不良情绪状态下产生的眼泪中含有一种“毒素”，排泄出去对身体有好处，而且，哭能宣泄悲痛，释放不良情绪。

2）向人倾诉。一份快乐，两个人分享，就变成了两份快乐；一个痛苦，两个人承担，就变成的半个痛苦。有了不良情绪，可以向父母倾诉，也可以和自己最亲近或要好的朋友谈心，诉说委屈，以消除心中的不平。也可写写日记。美国南宫理堂大学心理学博士詹姆斯说：“养成写日记的习惯，会成为我们一个抵抗疾病的军火库，因为写日记可能把危险的压力发泄掉，进而增强你的免疫力，改善你的健康。”

（3）理智克制法。人是有理智的，在陷入不良情绪，尤其是陷入心理学上那种遇事爱冲动的消极情绪，亦称冲动情绪时，我们不仅要学会正确排解，更应该调动自己理智这道“闸门”的力量，去控制它，并且尽力使情绪愉悦起来。这种理智控制情绪的方式也有很多种办法。

1）宽容谦让。俗话说：“忍一时风平浪静，退一步海阔天空”“海纳百川，有容乃大”。宽容是舒放的沧浪之水，像盐一般聚结的敌视、嫉妒、不满和愤恨等统统逐渐融化在水里。

2）自我暗示。当我们进入考场感到紧张时，可以通过自我暗示（即自己主动、自觉地通过言语、手势等间接、含蓄的方式向自己发出一定的信息，使自己按自己示意的方式去做），不断地反复地提醒自己：“沉住气，别紧张，我会考好的。”这样紧张的情绪就会松弛下来。

3）提醒激励。自我激励可通过多种直接明了的方式，如名言、警句来激励，约束自己，自我激励是一种精神动力，一个人在困难和逆境面前，如果能够有效地进行自我激励，就能从不良情绪中振作起来。

4）逆向思维。所谓逆向思维即反向思考。当你情绪冲动，一时又难以控制时，应多想一想别人的处境，想一想冲动可能酿成的后果，这样可以把自己的思绪从愤怒的情绪中拉回来，使你的过激情绪缓和。

5）升华。此外还可以将痛苦、烦恼、忧愁等其他不良的情绪与头脑中的一些闪光点联系起来，转化成积极而有益的行动，即升华。

（二）学会缓解压力，克服压抑心理

（1）对自己要充满信心。心理学研究证明，在能力、水平相同的条件下，自信心高的人完成任务的成功率明显高于自信心低的人。所以，对自己保持充分的信心是考试成功的有力保障。要树立一个“信念”，即“我一定能考出最佳水平”。这种积极的自我心理暗示，可以使人乐观、勇敢，有效地面对各种困难和危机，这对保持良好的应试状态将起到积极的作用。

（2）树立正确的人生观和考试观。中考对于考生可以说是人生的第一个转折点，考生在思想上比较重视。但如果考生过度重视的话，则会背上沉重的思想包袱，影响考前的情绪。对于“能不能考上重点高中”“考不上重点高中怎么办”之类的问题，会经常出现在考生的脑海里。因此，考生在考前及考试过程中不要想太多，而应把思想集中到复习及答题中去，使自己以平和的心态走进考场、面对考卷。

（3）适当参加体育运动。考试时间越近，学生就越会往书堆里泡，害怕过了一天，知识就少学了许多。对书本以外的事，一概不参与。这样一来，不但严重影响了复习效果，对身体也没有一点好处。事实证明，适当的运动不但能强身健体，还有助于缓解大脑的疲劳和紧张的心理。

（4）找朋友交流。同学们如果考前过于紧张，可以找一个自己信任的、头脑比较冷静的人（有条件的可以找心理老师）交谈一下，把自己的烦恼倾诉出来，最好具体描述一下以前考试时紧张的感觉；也可以给要好的朋友写封信，把你紧张的心情写出来。这些都是情绪宣泄的渠道，将有助于你缓解紧张情绪，减轻心理压力。

（5）适当地听音乐。音乐可以影响一个人的情绪和行为。动人的音乐，不仅可以使人心情舒畅，从中得到美的享受，还可以使人感到轻松愉快，能消除疲劳，缓解紧张情绪。但不要边学习边听音乐。

（6）保证充足的睡眠。同学们尽量在晚间 11 点前上床入睡。因为夜里 11 点到凌晨 2 点这个时段是人体经脉运行至肝、胆的时间，若这个时间没有得到适当的休息，时间久了这两个器官的不健康症状就会表现在皮肤上，如粗糙、黑斑、青春痘、黑眼圈的发生等。而且睡眠不足会影响第二天的听课效率，严重的还会影响正常的逻辑思维。因此，保证每天足够的睡眠时间，是保持良好状态的必要条件。

一例中考生家画作品和心理分析报告

第一节　中考生彤彤的家画作品

第二节　中考生彤彤家画心理分析报告

家画心理分析，亦称家画疗法，是绘画心理疗法中的一种，它是心理咨询师让来访者在一张 A4 白纸上，画自己过去的家或想象中的家，然后心理咨询师通过来访者的画与来访者进行心理交流，分析其人格特点。另外，家画疗法可帮助来访者分析心理困惑产生的原因，对来访者进行心理疏导，让其走出心理困惑。

来访者彤彤，女，15岁，中考生。通过家画心理分析，其情况如下。

一、来访者心理积极性的表现

在家画心理游戏过程中，发现来访者作品中出现一些积极的主题，积极的主题反映了人的一种积极心理状态，也反映着来访者内在的积极变化，它有利于人格的整合和自性化，有利于维护自身心理健康。来访者积极的主题有：快乐的主题、能量的主题和保护的主题。来访者性别认同清晰。

二、来访者存在的一些心理问题和困扰

（一）来访者存在亲子关系困扰

亲子关系是非常重要的，有很多心理学的研究，认为亲子关系是一个人一生当中所有社会关系的一个基础，一个人的父母之间如何相处，孩子是看在眼里的，父母跟孩子互动、沟通的模式也会直接影响到他去跟别人互动沟通，等将来长大成家之后，他对自己配偶的要求也是跟父母的交往模式相似，跟父母与他的交往模式是密切相关的，亲子关系会影响人的一辈子。亲子关系不和谐的原因有以下两点。

（1）受童年生长环境影响。亲子关系不和谐一般与父母原生家庭的童年生长环境有关。尤其是那种控制欲特别强的妈妈，从小被自己的妈妈控制，长大之后就很想控制自己的孩子。不光是控制自己的孩子，还要控制自己的老公，反正家里的事情她都要说了算。实际上，这种控制，这种爱会让人难受，不舒服。如果是夫妻之间，可能会造成男方逃离，造成婚姻问题。如果在孩子身上，在婴幼儿

时期还好，孩子完全是崇拜自己的父母，依恋自己的父母，你说什么都是对的，可能会好。但是形成了习惯之后，孩子到了青春期，叛逆期的时候，他反抗的力量会特别大。所以，有控制欲的家长，一定要注意。

（2）家长过于望子成龙。家长们都希望自己的孩子好，但是不要过分。所谓不要过分，就是一定要了解自己的孩子，不要随便拿自己的孩子跟别人的孩子比，特别是别把自己孩子的缺点跟别人孩子的优点去比。每个孩子都是独特的，欣赏他就好，给他正面的期待。斯波克的书里面也讲到，跟青春期的孩子沟通时候，一定要注意不要说教，不要说话时间太长，不要有控制欲望。

有些父母打着爱孩子的旗号，灵魂深处藏着自己的一种恐惧，怕自己丢面子，怕自己在朋友当中抬不起头来，比的不是孩子，比的是自己。由此可见，父母的自我觉察和反思特别重要，要认清自己内心深处的真相：爱孩子还是爱自己。

（二）来访者缺乏安全感，存在不信任心理

人际信任的经验是由个人价值观、态度、心情及情绪交互作用的结果，是一组心理活动的产物。不信任心理表现在交往过程中，自我牵连倾向太重，何谓自我牵连太重，就是总觉得其他什么事情都会与自己有关，对他人的言行过分敏感、多疑。造成不信任的原因：

（1）作茧自缚的封闭思路。猜疑一般总是从某一假想目标开始，最后又回到假想目标，就像一个圆圈一样，越画越粗，越画越圆。最典型的例子就是“疑人偷斧”的寓言了：一个人丢失了斧头，怀疑是邻居的儿子偷的。从这个假想目标出发，他观察邻居儿子的言谈举止、神色仪态，无一不是偷斧的样子，思索的结果进一步巩固和强化了原先的假想目标，他断定贼非邻子莫属了。可是，不久在山谷里找到了斧头，再看那个邻居儿子，竟然一点也不像偷斧者。现实生活中猜疑心理的产生和发展，几乎都同这种封闭性思路主宰了正常思维密切相关。

（2）对环境、对他人、对自己缺乏信任。古人说：“长相知，不相疑。”反之，不相知，必定长相疑。不过，“他信”的缺乏，往往又同“自信”的不足相联系。疑神疑鬼的人，看似怀疑别人，实际上也是对自己有怀疑，至少是信心不足。有些人在某些方面自认为不如别人，因而总以为别人在议论自己，看不起自己，算计自己。一个人越自信，越容易信任别人，越不易产生猜疑心理。

（3）对交往挫折的自我防卫。有些人以前由于轻信别人，在交往中受过骗，蒙受了巨大的精神损失和感情挫折，结果万念俱灰，不再相信任何人。

（三）来访者存在强迫型人格特点

青少年强迫型人格特点表现一般有：胆小，过度小心谨慎，凡事过于专注于细节、规则、顺序，少年老成，做事优柔寡断，缺乏丰富的生活情趣，固执，过分追求完美，学习和生活安排得井井有条，高度责任感，一丝不苟，常自责，诸事爱钻牛角尖，刻板，不善随机应变，适应陌生环境很慢等。

三、针对来访者存在的心理问题的建议

（一）改善亲子关系

现代社会竞争日趋激烈，市场经济瞬息万变，人人都有危机感。

由于很多父母都在为工作和生计奔波，很难有时间静下心来与孩子交心谈心。老师代课多，家庭负担重，也不可能有很多时间与每一个学生谈心。加之学生正处于青春期，成人意识浓，逆反心理强。因此，父母、老师很难与学生沟通，而不能沟通又怎样教育好学生呢？因此，如何沟通将直接影响教育的效果。

（1）父母要以民主、理解的态度和方式与学生接触。任何粗暴、强制、自己说了算的父母，是很难与学生沟通的。虽然学生表面点头称是，照抄照搬，但学生内心是反感的，甚至是对抗的，内心的话也是不会对你说的。但父母和老师以商量、协商和理解的态度对待学生，他们是很乐意与父母和老师交心、谈心的，很容易沟通。做一个民主型的父母也不是那么容易的，这与一个人的个性、涵养、文化程度等有着很大关系的。很多脾气暴躁的父母，他们的孩子往往也是如此。因此，父母也要时时约束自己，对待孩子要民主、宽容和关爱。

（2）父母对待中学生的态度应与小学生有区别。很多父母认为中学生也是孩子，总以大人的口吻对待中学生，甚至是命令式的。这是已具有成人意识的中学生所反感的。中学生渴望父母和老师能理解他们，尊重他们。如果父母和老师做不到这一点，那沟通将是很困难的。沟通就如渠道里的水，排除障碍，水到渠成。如果父母和老师把中学生当作成人看待，总是以商量的口气与他们谈论事情，这就容易沟通成功。

（3）尽量满足学生的合理要求。很多父母很反感学生要这要那。有的父母更干脆，除了学习用品，其他一概不考虑。其实，一个学生能否快乐成长，与很多因素有关，如兴趣、友谊等。满足学生的合理要求，会使学生认为父母是通情达理，是平易近人的，是容易交流的，这会缩短彼此的距离，达到沟通的目的。

（二）培养开朗、自信的性格

（1）创造快乐的家庭氛围。孩子的性格形成除基因决定的部分因素之外，家庭氛围起着不可忽视的作用。父母遇到事情主动商量，意见不合也不当着孩子的面争吵，当孩子遇到问题或者犯错的时候，态度不粗暴，温和地与孩子交流，耐心开导等，都可以让家庭氛围宽松愉快，孩子才能更好地体会父母的关心爱护以及亲情的可贵。

（2）适度地夸奖孩子。父母适度地夸奖孩子，有助于孩子自信心的建立，性格也会变得乐观向上。但是，需要注意的是，夸奖的目的是强化孩子好的行为，要从孩子的行为出发，无行为指向、泛泛的夸奖并不能很好地达到鼓励孩子的长期效果。对孩子的夸奖，要具体细节，这样可以让孩子明白因为什么得到了鼓励，例如，孩子会扔垃圾了："宝宝会扔垃圾了，真是妈妈的好帮手。"这样充满行为细节的夸奖，就比随口来一句"真棒"效果要好得多。

（3）接受孩子失败和犯错。在打击与控制下成长的孩子，会容易丧失信心、悲观恐惧、不敢面对挑战、失去勇气。家长应该做的，是在原则范围内允许孩子自己去体验和"犯错"。因为犯错也是孩子成长路上的重要环节：人生该走的弯路，其实一米都少不了。

（4）让孩子有一定的自主权。将自主权还给孩子，父母不能对孩子听之任之不加管教，但是过严的控制又压制了孩子的成长，还很可能会对孩子的心理健康产生消极影响。被约束过多的孩子，很容易处在自卑的情绪中，父母将一定的自主决策权还给孩子，让孩子在不同年龄阶段有不同的选择权，才能让孩子重视自己的想法，更好地思考和体会自由独立的意义。而只有善于思考的孩子，才能在遇到困难时做出正确的选择。

需要注意的是，父母让孩子拥有自主权并不等于对孩子有求必应。对于孩子的物质生活，不能过分优越和奢华。过分优越的生活条件，会容易让孩子不懂得珍惜，而对物质的追求往往又难以自我满足，贪心会导致不快乐的情绪滋长。不贪婪，懂得珍惜，有感恩的心，才能成为一个懂得珍惜，乐观健康的人。

（5）鼓励孩子多交朋友。父母要鼓励孩子和不同年龄，不同性格，不同职业背景和社会地位的人接触沟通，让孩子学会和不同的人相处。父母是孩子最好的老师，如何为人处世，往往是父母直接教给孩子的。所以父母在与人交往的时候，需要给孩子树立好榜样，不要戴有色眼镜，不势力不卑微，不轻易议论和评价他人，真诚善良，才能教会孩子和他人相处时不卑不亢，和谐融洽。

天生乐观的人也不可能永远不面对逆境永远开心快乐，一时还无法走出困境时不冲动走向绝境，应对困境时有积极的态度以及较强的处理困难的能力，才是父母应该关注的重点。

家长良方　适当地赞美孩子

俗话说："数子十过不如奖子一功""赞扬如阳光，批评如利剑"。许多父母对孩子期望很高，却又很吝啬赞美自己的孩子。他们常常摆出一副长者的面孔责备孩子，以为这样才是教育，其实却忽视了赞美所带来的奇妙的教育效果。适宜的赞美能产生多方面的教育效果。

赞美孩子能给孩子所需要的价值感、信任感和自信心。成人对青少年小小的成功表示赞美，可以强化青少年获得成功的情绪体验，满足其成就欲，并能使孩子自我感觉良好，激发他继续尝试的兴趣和探索的热情，努力维持这种赞美或希望再度获此"殊荣"。

赞美孩子可以增强孩子对父母的信任感。经常数落或责备孩子的父母很难赢得孩子的信任。父母对孩子的言行做出正确的评价，并经常予以赞美，家庭里会产生一种新的气氛，有助于父母与孩子之间建立积极的关系，使彼此之间更接近，并产生信任感，孩子的积极性也会提高。因此在某种程度上，赞美说明了孩子生活中重要人物对他的尊重与爱护。

以欣赏满意的目光关注孩子，以赞扬肯定的语言鼓励孩子，引导孩子享受学习和生活的快乐，这样的孩子心理就会是健康的，人格发展就会是健全的。相反，如果孩子经常受到父母的呵斥、指责和挖苦，这样的孩子很容易形成童年阴影，人格发展可能会出现障碍。

赞美孩子并不是奉承、乱夸孩子，赞美也像人服药一样，不能随便乱用，要讲究方式和时候，赞美孩子应注意以下几点：

一是表扬应针对事，而不应针对人。表扬的目的是让孩子明白哪些行为是好的，所以表扬最重要的原则就是：要针对孩子对某一件事付出的努力，取得的效果，而不要针对孩子的性格和本人。

二是表扬要及时。及时的表扬犹如生病及时服药一样，对年幼的孩子会产生很大的作用，一旦发现孩子有良好的行为，就应及时表扬，这样会收到良好的教育效果。

三是表扬孩子的点滴进步。在生活中，肯定孩子的点滴进步是巩固孩子的良好行为，形成良好习惯的重要手段，如孩子的东西往往用过后乱扔，你可以要求他把自己的东西整理好，孩子只要能整理好一件东西，也应及时表扬“你这样做真好，若能把其他东西收拾好就更好了”，这样孩子就会逐渐巩固自己的良好行为，形成好习惯。

四是表扬的方式要恰当。孩子的年龄、性别、性格、爱好不同，其所需的表扬方式也不一样，如小孩子喜欢父母的搂抱和爱抚，而对稍大的孩子，一个特定的手势、一个微笑、一个眼神都是表扬的方式，表扬的方式应因人而异。表扬的方式长期重复也会失去效用，所以表扬也应注意要有新意。

在赞美中长大的孩子将来必能心存感恩。这样的孩子长大后更具爱心、责任之心和感恩之心，他们更善于理解他人，宽容他人和换位思考，同时，这样的人更容易取得成功。因此，在生活中要多赞美自己的孩子，多说“你真棒”“你真的很不错”“你真聪明，爸爸给你鼓掌”。

后　记

本书在编写过程中参考了《中学生心理万花筒》(新疆青少年出版社，2002 年出版)、《青年成功新思维》(中国商业出版社，2004 年出版)、《青少年成功训练 14 课》(天津教育出版社，2005 年出版)、《催眠与心理压力释放》(安徽人民出版社，2009 年 3 月出版) 4 本书，同时，有些心理援助方法和经验，参考了网络上的一些经验介绍，在这里我们表示最真挚的感谢。